国家社会科学基金重大招标项目成果

《扩大内需的财税政策研究》系列著作

高培勇 主编

中国的国民收入分配与扩大内需

基于财税政策视角的探究

汪德华 著

中国社会科学出版社

图书在版编目(CIP)数据

中国的国民收入分配与扩大内需：基于财税政策视角的探究/汪德华著.
—北京：中国社会科学出版社，2016.3
ISBN 978 - 7 - 5161 - 8009 - 9

Ⅰ.①中…　Ⅱ.①汪…　Ⅲ.①财政政策—影响—国民收入分配—
研究—中国②税收政策—影响—国民收入分配—研究—中国
③财政政策—影响—扩大内需—研究—中国④税收政策—
影响—扩大内需—研究—中国　Ⅳ.①F812.0②F812.422
③F124.7④F123

中国版本图书馆 CIP 数据核字(2016)第 074751 号

出 版 人　赵剑英
选题策划　田　文
责任编辑　金　泓　张　红
责任校对　张依婧
责任印制　王　超

出　　　版　中国社会科学出版社
社　　　址　北京鼓楼西大街甲 158 号
邮　　　编　100720
网　　　址　http://www.csspw.cn
发 行 部　010 - 84083685
门 市 部　010 - 84029450
经　　　销　新华书店及其他书店

印刷装订　三河市君旺印务有限公司
版　　　次　2016 年 3 月第 1 版
印　　　次　2016 年 3 月第 1 次印刷

开　　　本　710×1000　1/16
印　　　张　12.75
插　　　页　2
字　　　数　212 千字
定　　　价　48.00 元

总　序

一

这套系列著作——《扩大内需的财税政策研究》，是我主持完成的2009年度国家社会科学基金重大招标项目的研究成果。从申报立项到按期结项，再到研究成果正式出版，持续了五年有余的时间。

这是有一些特殊的缘由和考虑的。

二

扩大内需的财税政策，显然是一个有关宏观经济政策的命题。这一命题的提出、招标以及研究过程是与国内外宏观经济环境的变化联系在一起的。

项目的提出和招标，正值中国进入反国际金融危机的"肉搏"阶段。面对当时被称为百年不遇、前所未有的危机，在全力保增长的旗帜下，中国政府不仅启用了有史以来最大规模的经济刺激措施，而且把积极财政政策作用"主攻手"推到了宏观调控的最前沿。作为积极财政政策作用的对象，尽管传统上的"三驾马车"——消费、投资和出口——一个都不能少，无一例外地都被归入了扩张系列，但是，相对于外部需求动荡不定、难以掌控，内部需求则握在自己手中、容易掌控，从立足于自身的立场出发，扩大内需理所当然地成为财政扩张的主要着力点。我们拟定的项目研究计划，也理所当然地植根于反危机的积极财政政策操作。

在项目依计划进行的两年多时间里，中国始终处于危机与反危机的"僵持"状态。虽然经济逐步呈现出一些回升向好的势头，但基础不牢，仍然处于国际金融危机之中的总体态势并未改变，反危机的压力并未减轻。在实践层面，积极财政政策格局一直持续的背景下，我们的研究当然不会脱离扩张性的财政操作轨道。围绕扩大内需的一系列理论和实践论证，也始终聚焦反危机的需要，贯穿了"扩内需—保增长"这一基本财政政策的思想线索。故而，当2012年课题结项时间到来之时，我们按计划递交的一系列研究报告，不可避免地统统打上了一层反危机的烙印。

然而，2012年恰是中国经济由高速增长步入中高速增长的转折点。随着中国经济减速趋势逐步形成，一系列以往几乎从未遇见过的新现象、新问题引起了我们的关注。

比如，以往应对经济危机的思维犹如治疗感冒发烧。不论症状有多严重，也不论用药剂量有多大，根据经济周期性波动的理论，作为一种周期性发作的病症，危机在持续一段时间后，经济总会回到原有的正常轨道。但是，这一轮危机却与以往的表现大不相同。不仅持续时间远超以往，而且，即便一直在操用"逆周期调节"的治疗方案，经济也始终未能回到以往轨道。这提醒我们，短期的周期性因素可能不是左右经济形势变化的唯一原因，除此之外，长期的结构性因素也在发挥作用。

又如，既然经济减速不仅是周期性波动的影响所致，而且包括长期的结构性因素的作用，围绕扩大内需的理论和实践论证，当然不能局限于反危机的财税政策思维，甚至不能主要基于反危机的财税政策思维。既然经济的运行已经彰显出大不同于以往的形态，围绕扩大内需的财税政策设计，当然要跳出短期的"逆周期调节"思维，而着眼于短期和长期操作相结合，总量和结构问题相兼容，急性病和慢性病一并治。

再如，逆周期调节所涉及的操作，大多属于政策范畴。针对结构问题的操作，则不仅涉及政策设计，还涉及制度安排，甚至更多的是制度安排。因而，在经济形势发生重大变化的条件下，扩大内需必须立足于财税政策调整和财税制度变革两个层面的联动。

认识到中国经济发展进入了新阶段，战略机遇期的内涵已发生深刻变化，我们决定，虽然课题要按期结项，但围绕它的研究不能也不应止步于此，而须持续下去——根据变化了的形势向纵深迈进。待研究成果相对成熟时，再交付出版。

三

绝非巧合，就在我们作出延迟成果出版时间决定之后的这一段时间里，面对中国经济日益呈现出的深刻而复杂的转折性变化，从学术界到决策层，都在进行深入而系统的思考。尤为重要的是，以习近平同志为总书记的党中央在深化对经济发展规律认识的基础上，逐步形成了一系列有关经济工作的新理念、新思想、新战略。

于 2012 年 12 月 15 日至 16 日召开的中央经济工作会议，在全面评估国内外经济社会形势的基础上，不仅第一次摒弃了以往对于经济增长速度"快"的追求——不再使用如"持续快速协调健康""平稳较快""又快又好"或"又好又快"的表述，将经济工作的目标定位于"实现经济健康持续增长和社会和谐稳定"，把领导经济工作的立足点聚焦提高发展质量和效益、加快形成新的经济发展方式。而且，从加强和改善宏观调控出发，第一次改变了以往作为反经济周期工具的宏观经济政策布局——不再局限于相对单一的熨平经济周期作用，将"逆周期调节"和"推动结构调整"这一双重任务同时赋予了宏观经济政策，让宏观经济政策兼具逆周期调节和推动结构调整两个方面的功能。与此同时，进一步明确了经济持续健康发展须建立在扩大内需的基础上：要牢牢把握扩大内需这一战略基点，培育一批拉动力强的消费增长点，增强消费对经济增长的基础作用，发挥好投资对经济增长的关键作用。要增加并引导好民间投资，同时在打基础、利长远、惠民生，又不会造成重复建设的基础设施领域加大公共投资力度。

2013 年 11 月，中共十八届三中全会召开。在全会通过的《中共中央关于全面深化改革若干重大问题的决定》中，根据我国发展进入新阶段、改革进入攻坚期和深水区的深刻论断，作出了全面深化改革的系统部署。以此为契机，将改革引入宏观经济政策视野。在"健全宏观调控体系"的标题之下明确指出了宏观调控的主要任务：保持经济总量平衡，促进重大经济结构调整和生产力布局优化，减缓经济周期波动影响，防范区域性、系统性风险，稳定市场预期，实现经济持续健康发展。

紧跟着，于同年 12 月 10 日至 13 日召开的中央经济工作会议，将"稳中求进"与"改革创新"结合起来，强调在坚持稳中求进工作总基调的同时，把改革创新贯穿于经济社会发展各个领域各个环节，以改革促发展、促转方式调结构、促民生改善。用改革的精神、思路、办法来改善宏观调控，寓改革于调控之中。以此为基础，提出了全面认识持续健康发展和生产总值增长关系的全新命题：不能把发展简单化为增加生产总值，要抓住机遇保持国内生产总值合理增长、推进经济结构调整，努力实现经济发展质量和效益得到提高又不会带来后遗症的速度。要冷静扎实办好自己的事，大力推进改革创新，把发展的强大动力和内需的巨大潜力释放出来。

一年之后，在2014年12月9日至11日举行的中央经济工作会议上，关于"我国进入发展新阶段、改革进入攻坚期和深水区"的论断被进一步高度概括为"经济发展新常态"。并且，围绕经济发展新常态，分别从消费需求、投资需求、出口和国际收支、生产能力和产业组织、生产要素相对优势、市场竞争特点、资源环境约束、经济风险积累和化解、资源配置模式和宏观调控方式九个方面，全面分析了中国经济发展所发生的趋势性变化。由此得出的结论是：我国经济正在向形态更高级、分工更复杂、结构更合理的阶段演化，正从高速增长转向中高速增长，经济发展方式正从规模速度型粗放增长转向质量效率型集约增长，经济结构正从增量扩能为主转向调整存量、做优增量并存的深度调整，经济发展动力正从传统增长点转向新的增长点。认识新常态，适应新常态，引领新常态，是当前和今后一个时期我国经济发展的大逻辑。

又是一年之后，2015年10月26日至29日，中共十八届五中全会审议通过了《中共中央关于制定国民经济和社会发展第十三个五年规划的建议》。在深刻认识经济发展新常态以及由此形成的一系列治国理政新理念新思想新战略的基础上，勾画了中国未来五年以及更长一个时期的发展蓝图：鉴于国际金融危机破坏了世界经济增长动力，新的自主增长动力没有形成，世界经济增长对我国经济增长的带动力减弱，我们必须更多依靠内生动力实现发展。鉴于全球需求增长和贸易增长乏力，保护主义抬头，市场成为最稀缺的资源，我们必须更多依靠扩大内需带动经济增长。鉴于世界新一轮科技革命和产业变革蓄势待发，发达国家推进高起点"再工业化"，发展中国家加速工业化，我国要素成本快速提高，我们必须加快从要素驱动转向创新驱动。在这一进程中，要牢固树立创新、协调、绿色、开放、共享的发展理念。并且，要以提高发展质量和效益为中心，加快形成引领经济发展新常态的体制机制和发展方式，保持战略定力，坚持稳中求进，统筹推进经济建设、政治建设、文化建设、社会建设、生态文明建设和党的建设，确保如期全面建成小康社会。

四

从第一次将经济工作的目标定位于"实现经济健康持续增长和社会和谐稳定",到提出全面认识持续健康发展和生产总值增长关系的全新命题;从第一次赋予宏观经济政策"逆周期调节和推动结构调整"的双重功能,到确立创新、协调、绿色、开放、共享以及以提高发展质量和效益为中心等一系列发展理念;从我国发展进入新阶段、改革进入攻坚期和深水区的深刻论断作出全面深化改革系统部署到将其进一步高度概括为"经济发展新常态",到全面分析中国经济发展所发生的趋势性变化;从认识新常态、适应新常态、引领新常态,到加快形成引领经济发展新常态的体制机制和发展方式;从明确经济持续健康发展须建立在扩大内需的基础上,到勾画中国未来五年以及更长一个时期的发展蓝图,可以十分清晰地看到,今天的我们,已经身处一个与以往大不相同的环境之中。或者说,今天的我们,已经站在一个与以往大不相同的新的历史起点之上。

既然环境变了,起点变了,围绕扩大内需的财税政策的研究,自然也要立足于新的发展环境和新的发展阶段,根据全新的发展理念、发展思想和发展战略来加以深化。当前,尤为重要的是,将扩大内需的财税政策作为一项重要的支撑力量与如期全面建成小康社会的奋斗目标相对接,融入"四个全面"战略布局和"五位一体"总体布局,全面推动经济社会持续健康发展。

第一,经济保持中高速增长,确保2020年实现国内生产总值和城乡居民人均收入比2010年翻一番的目标,是确定不移、非完成不可的任务。扩大内需的财税政策,应当也必须放在这个大前提之下加以研究和谋划。面对全球经济贸易增长持续乏力、国内经济下行压力日趋严峻的形势,至少在未来的五年时间里,扩大内需事实上已进入"被倒逼"状态:为了确保实现"两个翻番"的目标,必须坚守经济年均增长6.5%以上的底线。为了坚守这一底线,就必须释放出足够的内需,保持足够的内需规模。这意味着,锁定以足够的内需支撑经济中高速增长这一目标,财税政策不仅要继续保持扩张状态,而且要持续加力增效。

第二,注意到我国经济转向中高速增长系周期性和结构性因素交互作用的结果,再注意到依赖于反周期的扩张政策来刺激需求、拉动增长的效应已经趋于减弱。在如此条件下，扩大内需的政策操作，应当且必须将需求管理与供给侧的结构性调整结合起来一并展开。在适度扩大内需的同时，着力于提高供给体系质量和效率，增强经济持续增长动力，推动我国社会生产力水平实现整体跃升。这意味着，与以往有所不同，旨在扩大内需的财税政策固然位于需求一侧，但其视野所及，却不能也不宜局限于需求。由需求延伸至供给，在需求和供给两条线上同时发力，在稳增长和调结构之间保持平衡，将成为与经济发展新常态相适应的扩大内需的财税政策的常态。

第三，在经济发展新常态的背景下，逆周期的扩张性操作也好，推动结构性调整也罢，绝不限于政策安排层面，除此之外，还须依赖制度变革。事实上，在潜在增长率大致既定的条件下实现经济中高速增长，必须靠潜在增长率加改革红利，两者缺一不可。因而，改革红利的释放是一个可以依赖的更为重要的力量。改革红利有的立竿见影，有的要假以时日才见成果。只要实质性地推进相关领域改革，在6.2%的潜在增长率基础上，增加不小于0.3个百分点的改革红利，便可以达到经济中高速增长的要求。这意味着，与以往有所不同，旨在扩大内需的财税政策固然位于政策层面，但其实质内容，却不能也不宜局限于政策。由政策设计延伸至制度变革，在针对内需实施财政扩张的同时，与全面深化改革相对接，在经济、政治、文化、社会、生态文明建设等诸多领域改革的联动中，创新扩大内需的财税政策运行新体制、新机制，应当也必须成为"十三五"时期的一个重要的工作着力点。

第四，鉴于我们是在新的历史起点上，基于经济发展进入新常态的判断展开一系列政策操作，全面而适时地调整以往习以为常的理念、思维和做法，将扩大内需的财税政策建立在贯彻并体现新一届中央领导集体有关经济工作的新理念、新思想和新战略基础上，非常重要。比如，让市场在资源配置中发挥决定性作用，凡是市场和企业能决定的，都要交给市场；要主动做好政府该做的事，要有所为有所不为；我们要的是有质量、有效益、可持续的发展，要的是以比较充分就业和提高劳动生产率、投资回报率、资源配置效率为支撑的发展；保持一定经济增速，主要是为了保就业；宏观经济政策要保持定力，向社会释放推进经济结构调整的坚定信号；只要经济运行处于合理区间，宏观经济政策就保持基本稳定；要避免强刺激政策给经济发展带来的副作用，如此等等。这意味着，与以往有所不同，扩大内需的财税政策应当也必须立足于中国经济正在向形态更高级、功能更齐全、作用更完整、结构更合理的阶段演化的现实背景，有关扩大内需的财税政策必须与经济发展新常态相契合。以此为契机，全面构建扩大内需的财税政策新格局。

第五，随着形势的变化、对于形势判断的变化以及治国理政思路的变化，我国宏观调控的格局也在发生变化。不仅宏观经济政策功能定位同时指向发挥逆周期调节和推动结构调整两个方面的作用，而且宏观经济政策的目标选择也同时指向稳增长、保就业、防风险、调结构、稳物价、惠民生、促改革等多重目标。这意味着，我们不得不将有限的宏观调控资源同时配置于双重作用和多重目标，从而难免使以往的"歼灭战"演化为"阵地战"。这也意味着，我们可以依托的宏观调控空间变窄，从而难免使宏观调控的操作目标或着力点频繁调整。所以，与以往有所不同，扩大内需的财税政策必须在兼容双重作用、兼顾多重宏观经济政策目标的前提下加以实施和推进。无论是发挥消费对经济增长的基础作用，还是发挥投资对经济增长的关键作用，都要置身于这样一个复杂多变的大棋局。在彼此协调、相互交融的过程中捕捉扩大内需的契机，探寻扩大内需的方法，构建扩大内需的机制。

讲到这里，可以揭示的一个基本事实是：我们必须走出一条与以往大不相同的扩大内需的财税政策新路子。

五

基于上述的认识和判断，我们对初步完成于三年之前的研究成果作了全面的修正。修正之后的研究成果，构成了读者面前的这套系列著作：

《扩大内需的财税政策：理论分析与政策建议》

《中国的国民收入分配与扩大内需——基于财税政策视角的探究》

《扩大内需的政府收入政策研究》

《扩大内需的财政支出政策研究》

《扩大内需的财政政策的国际经验：比较与借鉴》

《扩大内需的财税作用机制研究》

可以看出，在"扩大内需的财税政策研究"这一总题目下分别写就的六本著作，显然不是面面俱到的，而是选择性地围绕若干重点展开的研究。这样做，一方面是研究力量所限，我们不可能也未试图对本项目涉及的所有问题展开全面分析。另一方面也是出于重点突破的考虑——组织有限的人力，在有关本项目的关键环节和重点地带实施攻关，以期形成具有基础性和支撑性作用的成果。

虽经几番修订、数易其稿，又跨越几年的时间，但限于水平，这套系列著作尚未完全达到令人满意的程度。不少内容有待进一步细化，一些方面还需进一步深化。也可以说，在这个时候，这套系列著作的出版更多是抛砖引玉之举。

我们静候来自各方面读者朋友的批评和指正。

高培勇

2015 年 11 月 15 日于北京

目　　录

第 一 章

绪论:扩大内需的方向与问题

一 问题的提出

在三十余年接近 10% 的高速增长之后，中国已成为全球第二大经济体，经济发展进入了一个新阶段。尤其是 2008 年全球金融危机之后，中国原来以出口导向为特征的经济增长模式遇到了突出的挑战。无论是全球经济平衡的压力，还是内生的经济结构转型的压力，都迫切需要中国转向以内部需求，尤其是消费需求为基本增长动力的新模式。正是因为如此，扩大内需，尤其是扩大居民消费需求，已经成为当前中国社会各界的共识，也成为政府确定的基本经济战略。

所谓内需、外需的分析方法，来自凯恩斯主义的分析范式。基于国民经济核算的支出法统计，国内生产总值（GDP）由最终消费支出（最终消费）、资本形成总额（投资需求）及货物和服务净出口（国外需求）三部分组成。按照国民经济核算的定义，内需＝最终消费支出＋资本形成总额＝居民消费支出＋政府消费支出＋资本形成总额。因此，所谓扩大内需问题，即是要分析中国居民消费支出、政府消费支出、资本形成的总额三者，相对于货物和服务净出口，在中国经济增长中的地位和作用。进一步，从政策角度需要考察这些宏观变量演变背后的动因，并考察哪些政策能影响这些宏观经济变量。

应当说，影响三类内需的因素非常复杂。寄希望于全面系统地考察这一问题并不现实，从提出政策建议的角度来说，也并不可取。基于课题"扩大内需的财税政策"的研究需求，本书将着重从财税政策和国民收入分配的视角，探讨其对内需的影响，分析三者之间的关系。本章作为绪论，主要概述内需在中国经济增长中的作用，并通过国际比较来分析中国经济增长进程中内需所发挥的作用有何特殊之处，进而提出全书的研究思路和主要内容。

二　内需在中国经济增长中的作用

如表1-1所示，改革开放以来，我国总需求总体上以内需为主，对经济增长的贡献总体上也以内需为主。这是人口众多、国内市场巨大的根本国情所决定的。从相对占比来看，外需占我国GDP的比重基本上经历了一个先上升后下降的过程，在2007年达到峰值8.8%之后不断下降，这既是国际经济危机影响的结果，也是我国经济结构转型的必然趋势。

从内需的两大构成部分来看，最终消费率在不断下降，从1990年的62.5%下降到2010年的48.2%，但此后略有回升，到2013年为49.8%；与此同时，资本形成率则从1990年的34.9%上升到2011年的48.3%，此后略有回落，2013年为47.8%。与其他国家高速发展阶段相比较，我国当前的资本形成率相对较高，能否持续下去备受怀疑。由此，我们可以初步得出结论：扩大内需的重点应该主要是提高最终消费率。

表1-1　　　　　　　　中国三大需求及其占GDP比重　　　　（单位：亿元；%）

年份	支出法GDP	内需		外需	内需占比		外需占比
		最终消费支出	资本形成总额	货物和服务净出口	最终消费率	资本形成率	净出口占比
1990	19347.8	12090.5	6747.0	510.3	62.5	34.9	2.6
1991	22577.4	14091.9	7868.0	617.5	62.4	34.8	2.8
1992	27565.2	17203.3	10086.3	275.6	62.4	36.6	1
1993	36938.1	21899.9	15717.7	-679.5	59.3	42.6	-1.9
1994	50217.4	29242.2	20341.1	634.1	58.2	40.5	1.3
1995	63216.9	36748.2	25470.1	998.6	58.1	40.3	1.6
1996	74163.6	43919.5	28784.9	1459.2	59.2	38.8	2
1997	81658.5	48140.6	29968.0	3549.9	59.0	36.7	4.3
1998	86531.6	51588.2	31314.2	3629.2	59.6	36.2	4.2
1999	91125.0	55636.9	32951.5	2536.6	61.1	36.2	2.7
2000	98749.0	61516.0	34842.8	2390.2	62.3	35.3	2.4

续表

年份	支出法GDP	内需		外需	内需占比		外需占比
		最终消费支出	资本形成总额	货物和服务净出口	最终消费率	资本形成率	净出口占比
2001	109028.0	66933.9	39769.4	2324.7	61.4	36.5	2.1
2002	120475.6	71816.5	45565.0	3094.1	59.6	37.8	2.6
2003	136613.4	77685.5	55963.0	2964.9	56.9	41.0	2.1
2004	160956.6	87552.6	69168.4	4235.6	54.4	43.0	2.6
2005	187423.4	99357.5	77856.8	10209.1	53.0	41.5	5.5
2006	222712.5	113103.8	92954.1	16654.6	50.8	41.7	7.5
2007	266599.2	132232.9	110943.2	23423.1	49.6	41.6	8.8
2008	315974.6	153422.5	138325.3	24226.8	48.6	43.8	7.6
2009	348775.1	169274.8	164463.2	15037.0	48.5	47.2	4.3
2010	402816.5	194115.0	193603.9	15097.6	48.2	48.1	3.7
2011	472619.2	232111.5	228344.3	12163.3	49.1	48.3	2.6
2012	529399.2	261993.6	252773.2	14632.4	49.5	47.7	2.8
2013	586673.0	292165.6	280356.1	14151.3	49.8	47.8	2.4
2014	640796.4	328311.2	295022.3	17462.9	51.2	46.1	2.7

数据来源:《中国统计年鉴2014》,2014年数据来自《中国统计年鉴2015》。

　　判断内需各部分变化趋势的另一方法是看增长贡献率。如表1-2所示,按支出法计算净出口对增长的贡献,只有1990年超过一半,达到50.4%。表1-2列出来的年份内,只有1990年和2005年外需贡献在20%以上,有6年外需贡献为负数,其中2009年外需贡献率低至-37.4%。2009年以来,外需对经济增长的贡献率多年为负,仅2014年开始为正。1978—2014年总体看,内需对GDP增长的贡献超过80%。自2007年金融危机以来,拉动GDP增长最显著的为投资,其次是消费。尤其是2009年,资本形成总额对GDP增长的贡献率高达87.6%,显然这是不可能持续下去的,扩大消费需求应当是扩大内需,改善经济结构的重要方向。

表 1 - 2　　　**三大需求对国内生产总值增长的贡献率①和拉动②**（单位：亿元；%）

年份	对 GDP 增长贡献率			生产法 GDP 不变价增长速度	内需拉动 GDP 增长		外需拉动 GDP 增长
	最终消费支出	资本形成总额	货物和服务净出口		最终消费支出	资本形成总额	货物和服务净出口
1978	39.4	66.0	-5.4	11.7	4.6	7.7	-0.6
1980	71.8	26.4	1.8	7.8	5.6	2.1	0.1
1985	85.5	80.9	-66.4	13.5	11.5	10.9	-8.9
1990	47.8	1.8	50.4	3.8	1.8	0.1	1.9
1995	44.7	55.0	0.3	10.9	4.9	6.0	
2000	65.1	22.4	12.5	8.4	5.5	1.9	1.0
2001	50.2	49.9	-0.1	8.3	4.2	4.1	0.0
2002	43.9	48.5	7.6	9.1	4.0	4.4	0.7
2003	35.8	63.3	0.9	10	3.6	6.3	0.1
2004	39.0	54.0	7.0	10.1	3.9	5.5	0.7
2005	39.0	38.8	22.2	11.3	4.4	4.4	2.5
2006	40.3	43.6	16.1	12.7	5.1	5.5	2.1
2007	39.6	42.4	18.0	14.2	5.6	6.0	2.6
2008	44.2	47.0	8.8	9.6	4.2	4.5	0.9
2009	49.8	87.6	-37.4	9.2	5.0	7.0	-4.1
2010	43.1	52.9	4.0	10.3	4.5	5.5	0.4
2011	56.5	47.7	-4.2	8.9	6.0	4.3	-0.8
2012	55.1	47.0	-2.4	8.5	4.4	3.2	0.1
2013	48.2	54.2	-4.4	7.1	3.7	4.2	-0.2
2014	50.2	48.5	1.3	7.8	3.7	3.6	0.1

数据来源：《中国统计年鉴 2015》。

　　由表 1 - 1、表 1 - 2 分析可以看出，在近些年外需逐渐回归的情况下，我

---

①　贡献率，指三大需求增量与支出法国内生产总值增量之比。
②　拉动，指国内生产总值增长速度与三大需求贡献率的乘积。

国经济增长的主要动力仍在内需。从内需的两大组成部分——消费和资本形成来看,最终消费率在持续下降,其对经济增长的贡献也处于下降的趋势;资本形成率则不断上升,对经济增长的贡献一直处于高位,由此可见,中国近些年来的经济增长最主要的还是依赖于投资,经济增长的生产建设色彩依然浓重。

三 国际比较

本章将通过国际比较,将中国和主要发达国家(法国、德国、美国、英国、日本、韩国)以及金砖国家的消费和投资进行对比,以此考察内需在中国经济增长进程中发挥作用的特殊之处。比较主要包含内需的几大部分:居民消费、政府消费、固定资本形成和存货变化。

日本和韩国的增长模式在一定程度上和中国有很多相似之处。20 世纪80 年代,三国的居民消费率水平基本相当,从 90 年代开始,日本的居民消费率有小幅度的增长,韩国基本上稳定不变,相比之下,中国的居民消费率有相当大程度的下降(见图 1 - 1)。

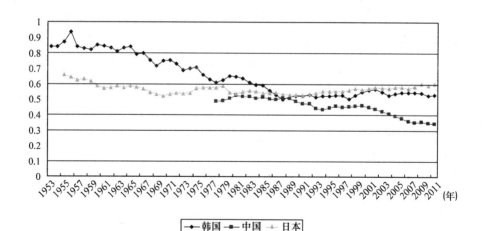

图 1 - 1 中国、日本和韩国的居民消费率变化

数据来源:CEIC。

从国际比较来看,中国居民消费率不仅本身不断下降,而且远远低于发达国家和其他金砖国家。中国居民消费不足的原因很多,比如,收入不确定性、失业风险、医疗支出不确定性以及教育支出等因素对城镇居民消费有显著的负效应（罗楚亮，2004）；流动性约束型消费者所占比重的上升以及不确定性的增加，造成了中国目前的低消费增长和内需不足（万广华等，2001）。另外，随着中国收入差距的不断拉大，很大一部分富人选择购买进口产品而不是国内所生产的产品，这一部分的消费计入了进口而非消费。因此，要增加中国的居民消费率，一方面要增加收入及支出的确定性，另一方面要增加居民尤其是中下层居民的收入（见表1-3）。

表1-3　　　　　　　　　居民最终消费①占 GDP 比重　　　　　　（单位:%）

年份	中国	法国	德国	美国	英国	日本	韩国	俄罗斯	南非	巴西	印度
1992	48.29	57.36	57.62	66.80	63.32	53.24	51.14		63.46	57.14	
1993	46.45	57.61	58.29	67.25	64.12	54.02	51.31		62.33	62.34	
1994	45.32	57.28	57.95	67.05	63.56	55.28	52.17		62.35	62.21	
1995	46.67	56.96	57.70	67.26	63.20	55.35	52.33	52.09	63.07	62.46	
1996	47.71	57.42	58.06	67.28	63.94	55.50	53.30	52.02	62.80	64.66	
1997	46.75	56.37	58.08	66.85	64.12	55.43	53.58	54.75	63.51	64.88	64.48
1998	46.48	56.18	57.67	67.31	64.54	56.11	50.32	57.47	63.77	64.33	64.90
1999	46.75	55.90	58.09	67.81	65.10	57.22	52.82	53.54	63.62	64.73	65.76
2000	46.22	56.20	58.36	68.64	65.50	54.77	54.77	46.19	63.38	64.34	64.55
2001	45.08	56.51	58.68	69.50	65.70	57.33	55.93	49.39	63.12	63.47	65.07
2002	44.09	56.43	58.18	69.90	65.64	57.90	56.72	51.08	61.84	61.72	64.47
2003	42.44	56.84	58.88	70.04	65.00	57.63	54.76	50.67	62.11	61.93	63.44
2004	40.79	56.62	58.46	69.77	64.71	57.30	52.62	50.44	62.95	59.78	60.12
2005	39.29	56.91	58.76	69.74	64.62	57.77	53.79	49.94	63.06	60.27	58.81
2006	37.96	56.73	57.89	69.53	63.78	57.90	54.46	48.78	63.16	60.30	58.08
2007	35.97	56.49	55.87	69.66	63.46	57.33	54.39	48.78	62.73	59.90	57.20
2008	35.22	56.88	56.10	70.22	63.28	58.24	54.71	48.90	61.57	58.93	57.49
2009	35.57	58.10	58.43	70.46	63.93	60.05	54.08	54.64	60.92	61.12	58.57
2010		58.04	57.45	70.46	64.20	59.24	52.59	52.48	59.21	59.64	57.10

---

①　中国国家统计局核算的居民最终消费和 OECD 核算存在口径不同。主要在两个方面：第一，OECD 国家要么将非营利机构与居民部门合并，要么单列，而中国是计入政府部门。但中国非营利机构数据不大，因此可以看作国际可比。第二，中国国家统计局将政府对居民的医疗补贴（报销部分）包含在居民最终消费中，而 OECD 计入政府消费。

数据来源:《中国统计年鉴》和 OECD 国民账户。

　　最终消费支出的另一组成部分是政府消费。从历史趋势来看,日本和韩国的政府消费①率基本上是呈上升趋势,日本政府消费自 1990 年开始大幅度提高,这在一定程度上表明了政府消费在日本经济恢复和经济增长中的重要作用。而中国的政府消费率除了在 70 年代末期有一个比较显著的上升之外,其他时间都比较平稳甚至有所下降(见图 1 - 2)。

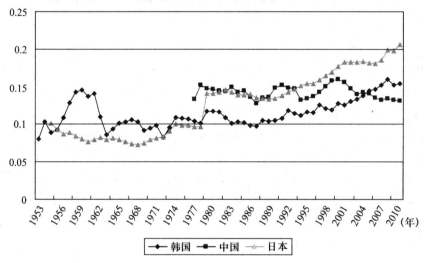

图 1 - 2　中国、日本和韩国的政府消费率变化

数据来源:CEIC。

　　从国际比较来看,中国的政府消费基本上是 11 个国家中最低的,而且还有下降的趋势。按照 Guonan Ma 等(2010)的分析,中国政府消费如此之低的原因在于:由于分权制改革,地方政府官员出于政绩考虑更倾向于投资而非消费。另外,按照 OECD 核算,政府消费分为政府个人消费和政府集体消费部分。政府个人消费是指由政府支出由个人享用的部分,主要包括:政府教育、卫生、社会保障福利、体育娱乐、文化等支出中的非公共管理支出部分,以及其他一些在住房、生活垃圾搜集、公共交通等方面的部分支出,政府个人消费与居民最终消费相加构成了实际个人消费,

①　此处政府消费都减去了折旧。

但由于中国目前还没有按 OECD 做法对政府支出进行核算，所以暂时还无法得出实际个人消费并与其他国家进行相同口径的比较（见表 1 - 4）。

表 1 - 4 政府最终消费占 GDP 比重 （单位:%）

年份	中国	法国	德国	美国	英国	日本	韩国	俄罗斯	南非	巴西	印度
1992	13.10	22.80	19.30	16.56	20.96	13.83	12.01		20.23	14.29	
1993	13.40	23.96	19.38	16.13	20.25	14.33	11.78		20.09	18.83	
1994	13.30	23.68	19.26	15.65	19.74	14.69	11.40		20.02	19.17	
1995	12.18	23.64	19.37	15.39	19.28	15.19	11.15	19.07	18.32	21.03	
1996	11.97	23.93	19.70	15.01	18.87	15.43	11.56	19.49	19.09	20.09	
1997	12.36	23.92	19.30	14.67	18.01	15.41	11.46	21.07	19.24	19.90	11.01
1998	12.72	23.13	19.11	14.37	17.75	15.93	12.59	18.73	18.78	20.64	13.04
1999	13.85	23.16	19.24	14.37	18.26	16.46	12.08	14.58	18.43	20.30	13.25
2000	14.52	22.92	19.03	14.34	18.65	16.92	11.95	15.09	18.14	19.17	12.61
2001	14.56	22.80	18.99	14.82	19.08	17.74	12.74	16.44	18.26	19.81	13.15
2002	13.87	23.46	19.25	15.41	19.90	18.29	12.62	17.65	18.76	20.57	12.31
2003	12.67	23.81	19.35	15.77	20.46	18.30	13.05	17.92	19.21	19.39	12.27
2004	11.94	23.76	18.86	15.70	20.91	18.24	13.31	16.97	19.36	19.23	10.76
2005	12.15	23.75	18.76	15.67	21.25	18.36	13.87	16.87	19.46	19.91	11.18
2006	11.81	23.45	18.35	15.65	21.38	18.09	14.52	17.39	19.68	20.04	10.52
2007	11.55	23.09	17.87	15.81	20.91	18.09	14.70	17.30	18.85	20.26	9.91
2008	11.34	23.27	18.30	16.66	21.90	18.56	15.28	17.83	18.85	20.19	11.06
2009		24.77	20.04	17.61	23.39	19.91	15.99	20.79	20.95	21.21	12.05
2010		24.87	19.74	17.60	22.84	19.78	15.20	18.69	21.55	21.15	11.89

数据来源:《中国统计年鉴》和 OECD 国民账户。

　　由图 1 - 2，表 1 - 4 分析可以看出，中国消费不足的原因在于居民消费和政府消费的双重不足，因此，扩大内需的重点在于提高中下层收入者的收入以增加居民消费，扩大医疗、教育等方面的支出以增加政府消费。而且，我们也可以看出，居民消费比较高的几个国家：美国、英国、南非、巴西、法国和德国，其政府消费率基本也都高于其他国家。除此之外，Okubo（2003）的经验研究也表明，日本政府消费与居民消费之间是互补的，至少是不相关的，也就是说，政府消费对居民消费并不存在"挤出效应"，从而对经济增长具有拉动作用。

在资本形成总额中，存货占的比重一般不大，因而讨论资本形成问题，实质上主要研究的是固定资本形成问题。在1992年至2009年，全国的资本形成中，存货增加所占的比重是逐步下降的，从1992年的5.84%下降到2009年的2.29%，因而固定资本形成可以反映总的投资增长态势。我国的资本形成总额与固定资本形成增长态势可分为三个时期：1992年至1993年，这一时期固定资本形成总额占比呈跳跃式上升。1993年至2002年，这一时期资本形成占GDP比重比较平缓，在GDP高速增长的前提下，资本形成也随之急速上升。2002年至2009年，资本形成快于GDP增长，尤其是2007年金融危机之后，固定资本形成总额更是急剧上升（见图1-3）。

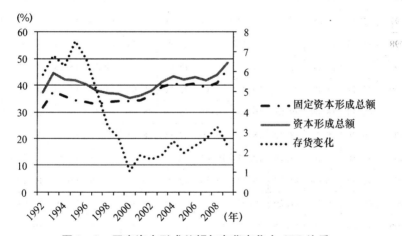

图1-3　固定资本形成总额与存货变化占GDP比重

数据来源:《中国统计年鉴》。

我们将中国的固定资本形成总额与发达国家和其他金砖国家进行比较，不难发现，在1998年之前，中国的固定资本形成总额与韩国相当，略高于日本。在1998年之后，中国的固定资本形成迅速扩张，其占GDP的比重从1998年的33.85%增加到了2009年的46.01%，而韩国和日本的固定资本形成则不断下降。当然，其中也需要考虑到中国与发达国家发展阶段的差异，日本和韩国在20世纪六七十年代基本完成了比较大规模的基础设施建设，美国的基础设施建设也在 20 世纪 30 年代基本完成，中国则刚刚进入快速发展时期，有着极大的基础设施建设需求，如此高的固定资本形成总额具有一定的合理性。另外我们也可以看到，印度的情况跟中国极为相似，固定资本形成总额不断上升，从 1997 年的 22.92% 增加到了 2010 年的 31.26%（见表 1－5）。

表 1－5　　　　　　　　　固定资本形成总额占 GDP 比重　　　　　　（单位:%）

年份	中国	法国	德国	美国	英国	日本	韩国	俄罗斯	南非	巴西	印度
1992	31.62	19.37	23.53	16.90	16.55	30.53	36.02		15.66	14.29	
1993	37.67	18.00	22.46	17.28	15.74	29.36	35.41		14.69	16.88	
1994	35.92	17.76	22.55	17.70	15.93	28.24	35.46		15.14	18.52	
1995	34.35	17.46	21.91	18.15	16.37	27.75	36.42	21.08	15.87	18.32	
1996	33.79	17.28	21.32	18.55	16.53	28.15	36.57	20.00	16.28	16.87	
1997	32.88	16.90	21.03	18.84	16.61	27.56	34.62	18.29	16.51	17.37	22.92
1998	33.85	17.36	21.13	19.45	17.73	25.82	29.34	16.15	17.09	16.97	22.37
1999	34.04	18.24	21.35	19.97	17.42	25.49	28.65	14.39	15.29	15.65	22.89
2000	34.11	18.89	21.47	20.32	17.13	25.20	29.96	16.86	14.93	16.80	22.60
2001	34.43	18.88	20.06	19.66	16.85	24.29	28.78	18.89	14.80	17.03	22.92
2002	36.26	18.22	18.38	18.59	16.90	22.88	28.61	17.91	14.70	16.39	23.40
2003	39.38	18.31	17.79	18.57	16.44	22.49	29.34	18.27	15.48	15.28	24.08
2004	40.73	18.68	17.39	19.20	16.70	22.20	29.21	18.16	15.98	16.10	27.60
2005	40.14	19.34	17.29	19.62	16.61	22.35	28.86	17.47	16.79	15.94	29.95
2006	40.66	20.04	18.06	20.13	17.03	22.68	28.69	18.17	18.34	16.43	30.91
2007	39.11	20.91	18.44	19.41	17.70	22.57	28.53	20.61	20.15	17.44	32.78
2008	40.79	21.31	18.62	18.37	16.80	22.45	29.30	21.67	23.01	19.11	32.19
2009	46.01	19.49	17.24	15.82	14.89	20.80	29.08	21.19	21.75	18.07	31.93
2010	－	19.44	17.51	15.07	14.91	20.09	28.27	20.95	19.55	19.46	31.26

数据来源:《中国统计年鉴》和 OECD 国民账户。

从对内需的三个主要组成部分：居民消费，政府消费和固定资本形成的国际比较来看，中国的居民消费不仅大幅下降，而且远低于发达国家和其他金砖国家;政府消费比较稳定,但是也远低于其他国家;固定资本形成增加幅度很大,低于发达国家,但是趋势跟其他金砖国家比较类似。正如前文所说,考虑到中国发展阶段的特殊性,固定资本形成增加具有一定的合理性,因此扩大内需的重点应该放在提高居民消费和政府消费,政策应主要着力于提高居民收入和扩大政府在医疗、教育等非公共管理方面的消费。

四　进一步研究的问题和本书的框架

综合以上对中国消费和投资的分析及国际比较,我们可以得出简单的结论:中国内需不足的主要表现是居民消费和政府消费的双重不足。需要指出的是,从国际比较以及中国的自身发展来看,中国投资的比重是不断提高的,且与其他国家相比处于高位。因此一些学者认为投资比重过高是中国经济增长模式存在的问题。但是,一些学者也指出,中国投资是否过度还无法断下结论,需要考虑到中国的投资空间,基础设施建设需求等需要进行更进一步的分析。本书认为,未来中国投资还存在空间,但是投资的重点在于解决之前粗放型增长带来的结构性问题,比如对环境污染的治理、技术创新和产业升级等。在扩大内需的政策方向上,这方面的投资依然是关注的重点。

总体而言,我国内需不足的主要体现是消费不足,而消费的来源是收入,因此可以从国民收入分配的角度来分析我国内需不足的问题。本书将在对收入分配失衡研究的基础上,分析我国内需不足的内在原因。而收入分配失衡的具体体现和内在原因是什么?现有讨论中很多学者都将其指向政府的财政收支行为。为此需要深入分析政府的财政收支行为对于收入分配以及国民消费和储蓄行为究竟产生什么样的影响。从面向未来的角度,还需考察各项财税政策是否可以影响居民消费或企业投资为主体的内需。

需要指出,有关国民收入分配与扩大内需问题,已经成为当前中国社会各界关注的焦点,很多学者对相关问题作了深入的研究,也提出了很多很好的政策设想,尤其集中在财税政策领域。在我们看来,提出有针对性的政策设计固然重要,但对当下正处于转型期的中国而言,梳理清楚相关领域的典型事实更为重要。只有将相关事实搞清楚,提出的政策建议才更有针对性。为此,本书将集中从财税视角,利用国家统计局的国民经济核算数据和若干微观数据，实证研究国民收入分配及其与扩大内需之间的关系，最终基于典型事实来探讨政策方向。

按照以上思路，本书的主要框架如下：

第一章，基于国民经济核算数据的国际比较，阐述基本事实：中国内需不足的主要表现是居民消费和政府消费的双重不足。

第二章，利用资金流量表数据，从国民收入分配角度通过国际比较来分析消费不足的内在原因。资金流量表提供了政府、企业、居民、对外四部门的收入支出等综合信息，清楚描绘了国民收入的生产、分配、使用等情况，便于我们观察分析总需求不足的成因。不过，中国国家统计局编制的资金流量表是不断调整的。本书基于 2010 年《中国统计年鉴》修订公布的 2004—2008 年资金流量表以及之前《中国统计年鉴》公布的 1992—2003 年资金流量表，进行相关研究。此后，国家统计局又对 2000 年以来的资金流量表进行了新的修正并公布。由于最后一轮修订基于一些财政补贴的内部数据，外部研究者无法将修订后的结果与若干国民经济核算、财政收支数据联系起来，不便于进一步分析，因此本书未采用。由于本章主要采用国际比较的分析方法，只要国际比较对象国家数据年份是一致的，未采用更新年份的数据，也不会影响结论的适用性。

第三章，结合国际经验和学术文献的研究，分析国民收入分配的演变规律，并从理论上探讨财税政策对国民收入分配的作用。市场经济国家的初次国民收入分配要遵循内在的市场规律，再分配则受各国财税制度的影响。中国近些年来出现的要素收入分配中劳动份额下降问题，在其他国家也是突出问题。结合国际经验从理论上理解要素收入分配的演变规律，梳理发达国家再分配领域的典型事实，进而在理论上分析清楚不同情景下财税政策对国民收入分配格局的可能影响，是本章的主要任务。

第四章，按国际可比的全口径，测算中国的宏观税负，并探讨其与国民收入分配的关系，分析其未来可能的走势。宏观税负是政府参与再分配的主要体现指标之一。然而受统计口径不一致的影响，中国通常以一般公共预算收入衡量的宏观税负，并不能完全体现政府参与再分配的程度。为此，本章遵循国际可比的全口径，详细讨论了中国各类政府收入是否应纳入宏观税负测算范围内，并以实际数量核算了 1998—2012 年的全口径宏观税负，并讨论了其未来可能的走向及对国民收入分配格局的影响。

第五章，基于宏观经济学理论，测算中国资本、劳动及消费的平均有效税率，并与若干发达国家进行比较分析。资本、劳动及消费的平均有效税率，是分析政府参与再分配之后，对宏观经济从不同渠道产生影响的主要指标。本章同样按照与 OECD 成员国可比的口径和方法，将中国各类政府收入分别归类计算三类平均有效税率，并与若干发达国家进行比较，以分析当前我国税负承担存在的问题。

第六章，从财政支出政策角度，探讨其与扩大内需之间的关系并分析当前财政支出领域存在的问题。财政支出自身对国民收入分配格局以及总需求有重要影响。本章同样按照国际可比口径核算了中国财政支出总规模和结构，分析其存在的问题，并选择社会福利性支出、政府投资支出两类支出，专门分析其存在的问题并提出若干改革建议。

第七章，利用农户微观数据，实证研究居民收入不均对于居民消费的关系。居民收入分配与国民收入分配在理论上是不同的概念，但两者都对居民消费有重要影响。本章基于农村固定观察点的农户微观数据，采用计量方法分析居民收入不均对农村居民消费的影响，并从财税政策角度提出若干建议。

第八章，以新型农村合作医疗为例，实证分析增加社会保障领域的财政支出是否会促进居民消费。2003 年新型农村合作医疗试点的启动，是中国社会保障体系建设和发展的重大事件，主要依靠一般公共预算财政补贴建立保险机制。增加社会保障领域的财政支出能否促进居民消费？新型农村合作医疗是个较好的案例。本章基于农村固定观察点数据，采用微观计量方法实证分析了这一问题。

第九章，在梳理以上典型事实的基础上，简述未来的改革方向。

第二章

消费不足的成因：
国民收入分配视角的考察

改革开放三十多年来，我国经济持续快速增长，到 2010 年，我国国内生产总值超过日本跃居世界第二位。但是，在我国经济高速增长的同时，以收入分配失衡，内需不足为代表的增长问题也随之显现。正如第一章所分析的，中国内需不足的原因在于居民消费和政府消费的双重不足。根据凯恩斯的消费函数，居民消费是与居民可支配收入成正比的，因此，居民消费不足很大程度上体现的是居民收入的不足。另外，近些年社会关注的焦点开始慢慢由把"蛋糕做大"转向如何"分蛋糕"的问题，因此，从收入分配的视角来考察居民消费不足的问题不仅具有理论上的依据，也更具有现实意义。

学术界和政府部门目前对中国收入分配不公、内需不足的事实基本上都持一致意见。其依据基本上都是《中国统计年鉴》的资金流量表公布的政府、企业和居民部门的国民收入数据。许宪春（2002）首次利用资金流量表计算我国 1992—1997 年的国民收入在企业、政府和居民间的分配，李扬和殷剑锋（2007）利用 1992—2003 年的资金流量表也得出居民部门收入占比不断下降，政府和企业部门收入尤其是政府部门占比不断上升的结论。本章内容则在前人分析的基础上，首先将收入在三个部门的分配现状更新到 2008 年，其次对初次分配环节和再分配环节的具体情况，分别和主要发达国家（英国、美国、德国、法国、日本、韩国），以瑞典为代表的北欧发达国家和金砖国家（巴西、俄罗斯、印度、南非）进行了对比，从而具体分析中国收入分配中存在的问题和问题背后的原因。

一 中国国民收入分配格局与消费不足的现状

如表 2-1 所示,我国国民储蓄率从 1992 年到 2008 年基本上是一路上升,从 1992 年的 34.98% 上升到 2008 年的 43.04%。具体来看,国民经济的三大部门都促进了国民储蓄率的上升:企业部门从 11.7% 上涨到了 21.6%,上升了近 10 个百分点,上升幅度约为 85%,政府部门上升了近 4 个百分点,上升幅度达到了 87%,居民部门则上升了两个百分点,涨幅在 10% 左右。从部门储蓄率的变化趋势中我们可以初步得出结论:中国国民储蓄率的上升可以主要归因于企业部门和政府部门。

表 2-1 分部门储蓄率的变化 (单位:%)

年份	国民储蓄率	企业部门储蓄率	政府部门储蓄率	居民部门储蓄率	年份	国民储蓄率	企业部门储蓄率	政府部门储蓄率	居民部门储蓄率
1992	34.98	11.7	4.39	20.19	2001	37.19	17.5	4.26	16.75
1993	39.95	15.73	4.12	18.16	2002	37.9	18	5.09	17.25
1994	37.99	14.53	3.17	21.67	2003	40.54	18.2	6.91	18.2
1995	38.46	16.22	2.57	19.89	2004	42.26	20.9	5.5	19.38
1996	36.69	13.69	3.71	20.15	2005	40.27	20.76	5.99	20.53
1997	34.76	13.1	4.01	21.56	2006	39.59	19.86	7.56	21.35
1998	35	13.45	3.31	21.37	2007	40.68	20.32	8.72	22.63
1999	35.62	14.7	2.67	20.04	2008	43.04	21.6	8.21	22.49
2000	35.84	16.6	3.3	17.66					

数据来源:《中国统计年鉴》资金流量表,国民储蓄率 = 总体储蓄/总体可支配收入,部门储蓄率 = 部门储蓄/总体可支配收入,企业部门为金融机构与非金融机构的加总。

按照李扬、殷剑锋 (2007) 的分析,部门储蓄率 = 部门储蓄倾向 × 该部门可支配收入占国民可支配收入之比,那么,部门储蓄率的上升就可分解为部门储蓄倾向的增加或部门可支配收入占比的增加。表 2-2 列出了从 1992 年到 2008 年三个部门分别的储蓄倾向和可支配收入占比的变化趋势。从该表来看,企业部门储蓄率的增加主要是因为企业部门可支配收入

占比的增加①，政府部门则主要是因为储蓄倾向的增加，从 1992 年的 22%
增加到了 2008 年的 38.58%，政府部门的可支配收入占比也有所增长，从
19.96% 增加到了 21.28%。居民部门的储蓄倾向上升幅度也比较大，可支
配收入占比却急剧下降，从 1992 年的 68.34% 下降到了 2008 年的
57.11%，下降了十多个百分点。

表 2 - 2　　　　　　　　　部门储蓄倾向和部门可支配收入占比　　　　　（单位:%）

年份	企业部门		政府部门		居民部门	
	储蓄倾向	部门可支配收入占比	储蓄倾向	部门可支配收入占比	储蓄倾向	部门可支配收入占比
1992	100	11.70	22.00	19.96	29.55	68.34
1993	100	15.73	20.96	19.65	28.10	64.61
1994	100	14.53	17.12	18.51	32.35	66.96
1995	100	16.22	15.51	16.55	29.59	67.23
1996	100	13.69	20.74	17.88	29.44	68.44
1997	100	13.10	21.89	18.30	31.43	68.60
1998	100	13.45	18.26	18.13	31.23	68.41
1999	100	14.70	14.74	18.10	29.82	67.20
2000	100	16.60	17.21	19.20	27.50	64.20
2001	100	17.50	20.78	20.50	27.02	62.00
2002	100	18.00	24.23	21.00	28.28	61.00
2003	100	18.20	31.42	22.00	30.44	59.80
2004	100	20.90	28.46	19.33	32.43	59.77
2005	100	20.76	29.88	20.04	34.68	59.20
2006	100	19.86	35.24	21.44	36.38	58.70
2007	100	20.32	39.55	22.05	38.94	58.13
2008	100	21.60	38.58	21.28	39.38	57.11

数据来源:《中国统计年鉴》资金流量表，部门储蓄倾向 = 部门储蓄/部门可支配收入，部门
可支配收入占比 = 部门可支配收入/总体可支配收入。

① 企业部门的储蓄就是企业部门的可支配收入，因此储蓄倾向都为 100%。

　　由以上的分析可以看到，20 世纪 90 年代初以来特别是 2000 年以来我国国民储蓄率的上升主要是由于企业部门可支配收入占比的增加和政府部门储蓄倾向的大幅度增加，其次是政府部门可支配收入占比的增加，居民部门虽然储蓄倾向有所增强，但由于可支配收入占比的急剧下降，居民部门储蓄率在这十几年来只有小幅度的上涨。居民部门可支配收入占比的下降，直接导致了居民消费的下降，这也是刺激内需要提高居民可支配收入的重要原因。

　　另外，政府部门可支配收入有一定程度的上升，根据第一章的分析，我国的政府消费处于一个比较稳定甚至稍有下降的水平，这造成了政府部门的高储蓄。但是，这是否就意味着扩大内需，减少收入分配不公的重点就应该是"降低政府部门可支配收入，提高居民部门可支配收入"呢？答案却不以为然。高储蓄来自收入增加、消费减少。对比其他国家，我国的政府消费严重不足，因此，政策的重点应该在增加政府消费，而非减少政府部门的可支配收入上。如果不考虑这一点，盲目地要求政府部门减少收入，可能会出现适得其反的情况。如北欧、西欧、美国和中国香港，随着政府收入比重的降低，贫富差距反而一路扩大。[①]

　　从具体的分配环节来看（见表 2 - 3），从 1992 年到 2008 年，可支配总收入中，居民部门占比下降了 11 个百分点，基本上从 1997 年开始，居民收入占比一直在下降，政府部门占比则上升了 1 个百分点左右，企业部门则上升了近 10 个百分点。在 2000 年之前，经过再分配环节，居民部门的可支配收入占比平均上升 3 个百分点，政府部门平均上升两个百分点，企业部门则平均下降 4 个百分点。在 2000 年之后，经过再分配环节，居民部门可支配收入占比平均下降 0.2 个百分点，政府部门则上升 4 个至 5 个百分点，企业部门则下降 4 个至 5 个百分点。这说明我国国民收入经过再分配环节，确实有向政府部门集中的趋势，也说明我国政府没有充分发挥利用再分配机制去改善全社会收入分配结构的作用。

　　有一点值得注意的是，现在大家往往只强调要统计全口径的政府财政收入，却忽略了居民收入也存在被低估的情况。比如王小鲁（2007）基于2009 年对全国 19 个省 64 个城市 4000 户城市居民家庭收支情况的调查数

---

　　① 华生，收入分配的七大流行性认识误区。

据，推算 2008 年全国居民可支配收入总额为 23.2 万亿元，比国家统计局资金流量表基于经济普查资料等计算的住户可支配收入总额的 17.9 万亿元高出 5.3 万亿元，这种灰色收入的存在会夸大政府部门收入在国民收入中的比重。

表 2-3　　　　　　　　　　　　分部门收入占国民收入比重　　　　　　　　（单位:%）

年份	居民部门占比		政府部门占比		企业部门占比	
	初次分配总收入	可支配总收入	初次分配总收入	可支配总收入	初次分配总收入	可支配总收入
1992	66.06	68.34	16.57	19.96	17.37	11.70
1993	62.61	64.62	17.29	19.65	20.10	15.73
1994	65.15	66.96	17.08	18.51	17.77	14.53
1995	65.25	67.23	15.22	16.55	19.53	16.22
1996	65.49	68.44	17.11	17.88	17.40	13.69
1997	66.02	68.60	17.08	18.30	16.90	13.10
1998	66.07	68.41	17.74	18.13	16.19	13.45
1999	65.05	67.20	17.15	18.10	17.81	14.70
2000	63.39	64.20	17.65	19.20	18.96	16.60
2001	61.31	62.00	18.50	20.50	20.19	17.50
2002	60.54	61.00	19.14	21.00	20.32	18.00
2003	59.70	59.80	19.37	22.00	20.93	18.20
2004	59.60	59.77	16.93	19.33	23.48	20.90
2005	59.37	59.20	17.44	20.04	23.19	20.76
2006	58.95	58.70	17.90	21.44	23.15	19.86
2007	58.13	57.84	18.30	21.94	23.57	20.22
2008	57.23	57.11	17.52	21.28	25.26	21.60

数据来源:《中国统计年鉴》资金流量表，企业部门为金融企业部门和非金融企业部门的加总。

总的来说,由于总的国民收入要么用来消费,要么用来储蓄。因此,储蓄可以看作消费的对立面。由以上分析来看,推动我国国民储蓄上涨的主要因素是企业储蓄和政府储蓄。若将储蓄分解为可支配收入与储蓄倾向,居民部门虽然储蓄倾向有所增加,但可支配收入占比下降明显,而且经过再分配后并无改善的趋势,政府部门可支配收入占比经过再分配环节却有大幅度的提升。因此,未来若要增加居民消费,应该注意再分配环节收入的分配:增加政府消费以减少政府部门可支配收入,增加居民部门可支配收入以增加居民消费。

二 国民收入初次分配的国际比较

1. 居民部门

居民部门可支配收入来源主要是两个部分:劳动者报酬和财产性收入。本章将分别从这两个方面来分析居民部门在初次分配环节收入占比变化的原因。

首先,对于资金流量表中劳动者报酬的数据,存在着下面三个方面的问题:(1)资金流量表假设劳动报酬的增长率和居民可支配收入的增长率相同,但在实际经济生活中,这两者的增长率是不一样的。如果经济处于衰退时期,由于财产收入的存在,劳动者报酬下降的速度比居民可支配收入下降的速度快,这样就会使该国资金流量表中劳动者报酬的占比下降并低估其下降幅度(白重恩、钱震杰,2009)。(2)由于经济普查年份的数据直接取自普查数据,而非普查年份的部分数据是通过估算得到,所以在数据上也存在一定的不准确性。(3)2004年统计局将原来算作劳动者报酬的自我雇佣的个体工商户(非农个体户)的收入改为营业盈余,但是对农户收入未进行调整(华生,2010)。因此,本章将首先对中国资金流量表的劳动者报酬数据进行一定的调整[①],得到一个比较准确的劳动者报酬数据之后再对其进行分析。

---

① 对于前面提到的两个问题,本章认为是一般统计数据都存在的问题,影响并不是很大,因此仅对第三个问题进行了调整。

表 2 - 4			中国劳动者报酬占 GDP 比重				（单位：亿元；%）
年份	家庭经营性纯收入中农林牧渔收入总和	劳动者报酬	调整后劳动者报酬	GDP	家庭经营性纯收入中农林牧渔收入总和/GDP	劳动者报酬/GDP	调整后劳动者报酬/GDP
1992	3895.112	14696.7	10801.59	26923.48	14.47	54.59	40.12
1993	4648.346	18173.4	13525.05	35333.92	13.16	51.43	38.28
1994	6099.63	25206	19106.37	48197.86	12.66	52.30	39.64
1995	7873.519	32087.4	24213.88	60793.73	12.95	52.78	39.83
1996	9351.182	37085.8	27734.62	71176.59	13.14	52.10	38.97
1997	9832.547	41870.4	32037.85	78973.03	12.45	53.02	40.57
1998	9447.927	44337.2	34889.27	84402.28	11.19	52.53	41.34
1999	9343.718	47177.9	37834.18	89677.05	10.42	52.61	42.19
2000	8816.649	50075.9	41259.25	99214.55	8.89	50.47	41.59
2001	8963.170	54444.8	45481.63	109655.2	8.17	49.65	41.48
2002	8880.275	60732	51851.72	120332.7	7.38	50.47	43.09
2003	9188.229	66925	57736.77	135822.8	6.76	49.27	42.51
2004	10583.94	75366.2	64782.26	159878.3	6.62	47.14	40.52
2005	10954.99	92948.8	81993.81	183217.4	5.98	50.73	44.75
2006	11218.39	105555.3	94336.91	211923.5	5.29	49.81	44.51
2007	12695.75	125359.1	112663.4	257305.6	4.93	48.72	43.79
2008	14036.39	150701.8	136665.4	314045.4	4.47	47.99	43.52

数据来源：家庭经营性纯收入中农林牧渔收入之和 = 家庭人均经营性纯收入中农林牧渔收入（历年《中国统计年鉴》）× 农村人口（历年《中国统计年鉴》）；其他数据来源于《中国统计年鉴》资金流量表。

　　由表 2 - 4 可以看到，在剔除农户收入的影响之后，劳动者报酬占 GDP 的比重并不是下降的而是上升的，也就是说，中国资金流量表所显示的劳动者报酬的下降其实是农户收入占 GDP 比重的大幅下降所造成的。这个结果和白重恩、钱震杰（2009）提出的产业结构转型的解释其实是对应的。也就是说，随着一国经济的不断发展，农业部门所占比重势必越来越被工业部门和服务业所替代，因此，农户的收入占 GDP 比重会有一个比较大幅度的下降，加上农户部门收入的劳动者报酬也会因此而呈现下降趋势。但是这种下降是经济发展的正常体现,随着经济从农业不断向工业和服务业的转变,劳动收入份额势必会相应增加。而且,不少新兴国家在工业化之后仍然保有比较强劲的经济活力和成长率,是因为其劳动报酬占比相对于发达国家来说比较低,故而能够保持一定的成本优势从而促进经济不断向前发展。

仅仅从产业结构转型这一个方面似乎还不足以解释我国劳动者报酬的高低,因此,本章下面将中国的劳动者报酬和几个主要的 OECD 国家(德国、美国、法国、英国、日本、韩国、瑞典)以及金砖国家(俄罗斯、巴西、印度和南非)进行对比,以便从国际比较的角度来横向比较我国的劳动者报酬水平(见表2-5)。

表2-5　　　　　　　劳动者报酬占 GDP 比重的国际比较　　　　　(单位:%)

年份	巴西	法国	德国	日本	韩国	南非	瑞典	英国	美国	俄罗斯	印度	中国
1992	—	43.01	47.92	58.18	27.72	18.58	—	41.99	44.27	37.93	—	40.12
1993	—	44.05	49.60	59.44	29.50	20.39	45.88	42.23	44.98	47.72	—	38.28
1994	—	43.96	49.53	60.06	31.72	22.02	46.36	41.86	45.48	—	—	39.64
1995	14.63	44.55	50.65	60.05	34.69	24.31	46.47	42.42	46.56	4.38	—	39.83
1996	17.35	45.46	50.89	59.27	37.10	26.11	48.75	43.15	46.96	7.15	—	38.97
1997	18.22	45.66	50.10	59.73	37.03	28.11	48.99	44.42	47.75	8.30	—	40.57
1998	19.85	45.78	50.17	60.10	37.60	30.54	49.01	46.15	49.29	9.22	—	41.34
1999	20.75	46.33	50.52	59.03	35.73	32.35	48.55	47.67	50.09	13.24	23.72	42.19
2000	25.53	47.02	51.00	57.68	37.26	34.02	51.06	48.82	51.73	18.36	25.01	41.59
2001	27.81	48.24	51.24	57.14	39.37	35.45	53.92	50.37	52.45	22.77	25.34	41.48
2002	30.18	49.92	51.58	55.62	40.40	38.05	54.29	51.08	53.19	28.62	25.92	43.09
2003	34.11	50.76	51.98	53.99	42.83	40.40	54.62	51.84	54.14	32.80	26.13	42.51
2004	36.69	51.28	51.32	52.69	44.38	42.75	54.21	52.55	54.91	38.65	27.00	40.52
2005	40.04	52.23	50.94	51.48	45.82	44.52	54.23	54.20	56.12	43.86	27.23	44.75
2006	43.47	53.23	49.77	51.48	46.15	46.84	53.94	55.27	58.01	51.22	27.76	44.51
2007	46.41	54.13	49.60	50.00	46.92	50.42	56.31	56.56	60.02	—	29.18	43.79
2008	50.91	55.82	50.73	50.93	48.56	55.23	58.07	58.27	61.59	73.26	34.15	43.52

数据来源:联合国国民账户,(http://data.un.org.)。中国的数据直接取自表2-4。

从表 2-5 来看，选取的 7 个 OECD 国家的劳动者报酬占 GDP 比重整体高于金砖国家。除日本外，基本上所有国家的劳动者报酬占 GDP 比重都在增加，金砖五国劳动者报酬占 GDP 的比重都上升得很快：巴西以每年近 3 个百分点的速度上涨，俄罗斯以每年近 6 个百分点的速度上涨，印度的劳动者报酬 GDP 占比也在以每年约两个百分点的速度上涨，尤其是从 2007 年到 2008 年，从 29.18% 上涨到了 34.15%。这与之前分析的结论也相对应：随着经济的发展，产业结构不断从农业向工业和服务业转型，从而使知识密集型的行业不断增加，促进劳动者报酬所占的份额不断上涨，而且经济发展速度比较快，产业结构转型比较快的国家劳动者报酬的份额上涨速度也会比发达国家快很多。

从财产性收入来看（见表 2-6），中国居民的财产性收入占 GDP 的比重不仅远远低于发达国家，而且远低于南非，印度等其他金砖国家，近些年还有下降的趋势。财产收入增长速度远低于 GDP 增速的事实说明了中国居民收入的不足主要体现在财产收入而非劳动者报酬，从收入的构成来看，居民的主要财产性收入都来自于利息（见表 2-7），融资渠道的狭窄在一定程度上也促进了居民储蓄倾向的增加。但同时也可以看到，居民财产性收入中利息占比一直在下降，从 1992 年基本上所有的财产性收入都来自利息收入，到 2008 年利息占居民财产性收入的比重为 84.41%，下降了 15 个百分点，主要增加的财产收入来自于红利，从占比 0.2% 上升到了 7.81%，说明中国的资本市场在这 20 年左右有一定程度的发展，但是相比于发达国家甚至其他金砖国家，我国居民财产性收入水平还远远不够。

表 2-6　　　　　　　　**财产性收入占 GDP 比重的国际比较**　　　　　（单位:%）

	巴西	法国	日本	英国	美国	瑞典	南非	印度	中国
2008	—	6.79	2.05	7.77	7.68	—	9.31	10.67	2.36
2007	—	6.66	2.36	7.30	7.12	—	10.40	9.09	2.58
2006	6.72	6.62	2.23	8.00	6.60	—	10.63	11.61	2.50
2005	6.77	6.58	1.86	8.29	5.62	—	11.27	11.54	1.94
2004	6.69	6.74	1.51	7.63	5.89	—	10.88	11.26	1.61
2003	7.51	6.53	1.22	8.33	5.72	-0.32	10.12	12.65	2.41
2002	7.79	6.46	1.55	8.50	5.94	-0.20	11.14	13.83	2.82

续表

年份	巴西	法国	日本	英国	美国	瑞典	南非	印度	中国
2001	8.67	6.55	2.02	9.87	6.30	0.63	11.19	13.52	2.98
2000	8.41	6.63	2.67	9.72	6.96	0.99	11.38	11.95	3.11
1999	5.32	6.43	3.33	10.18	6.91	0.24	10.69	10.76	3.37
1998	3.69	6.91	3.75	10.87	7.82	0.50	9.96		4.24
1997	3.71	6.89	4.03	11.43	—	0.40	10.19		4.24
1996	2.48	6.87	4.24	10.97	—	0.37	—		5.15
1995	3.70	6.94	5.09	10.50	—	0.31	—		4.86
1994	—	6.58	5.62	—	—	−0.48	—		5.71
1993		6.97	6.46	—	—	−0.67	—		5.06
1992	—	6.63	7.30	—	—	—	—		4.40

数据来源:联合国国民账户居民部门账户（http://data.un.org）。财产收入来源–运用。中国数据来自《中国统计年鉴》资金流量表。

表2−7　　　　　中国居民财产性收入来源分布　　　　（单位:%）

年份	利息占比	红利占比	其他财产性收入占比	年份	利息占比	红利占比	其他财产性收入占比
1992	99.61	0.20	0.19	2001	92.65	7.07	0.80
1993	99.39	0.43	0.19	2002	90.34	10.04	0.59
1994	99.04	0.90	0.06	2003	92.52	7.07	0.94
1995	98.90	1.05	0.07	2004	88.73	10.68	1.79
1996	98.27	0.99	0.75	2005	85.80	10.87	4.87
1997	97.17	1.65	1.22	2006	85.59	7.52	7.97
1998	97.80	1.68	0.56	2007	75.15	11.16	16.46
1999	95.49	3.39	1.28	2008	84.41	7.81	9.00
2000	95.23	4.26	0.71				

数据来源:来自《中国统计年鉴》资金流量表。

由以上对居民部门可支配收入组成的分析可以看出,居民可支配收入的不足主要体现在财产收入的不足;劳动报酬占 GDP 比重下降的原因在于农户收入的下降,这与中国产业结构转型的国情是相对应的,如果剔除农户收入的影响，劳动报酬应该是上升的，因此，未来增加居民可支配收入以刺激居民消费的政策不仅应该注重劳动报酬的提升，更应该关注居民财产收入的增加以及财产收入的多样化，从而减少居民所面临的收入不确定性风险。

2. 政府部门

初次分配环节政府部门资金来源有：增加值和生产税净额，资金运用为劳动者报酬，因为作为来源的增加值和作为运用的劳动者报酬几乎相互抵消（李扬、殷剑锋，2007），因此只需分析政府部门的生产税净额即可。

从国际比较来看，不论是 20 世纪 90 年代初还是现在，中国的生产税净额占 GDP 的比重在这 11 个国家中几乎是最高的，甚至超过了典型福利国家瑞典，而且从 1995 年到 2003 年基本上一直在上升，2003 年之后有所下降，这也是构成政府部门初次分配总收入占比在 2003 年之后有所下降的关键因素。因此，未来若要降低政府部门的可支配收入，在增加政府消费的同时减少政府部门收入尤其是在生产税上的收入也是尤为重要的（见表 2－8）。

表 2－8　　　　　政府部门生产税净额占 GDP 比重的国际比较　　　（单位:%）

年份	中国	巴西	印度	南非	瑞典	德国	英国	法国	美国	日本	韩国
1992	14.47	—	—	—	—	8.97	12.02	12.43	7.20	7.01	10.38
1993	15.62	—	—	—	12.20	9.35	11.66	12.79	7.05	6.72	10.20
1994	15.54	—	—	—	12.01	9.48	12.01	13.38	7.29	6.80	10.65
1995	14.19	14.25	—	—	11.64	9.04	12.08	13.63	7.11	6.93	10.77
1996	15.21	13.65	—	9.93	12.62	9.20	12.09	14.30	7.01	7.13	11.24
1997	15.68	13.16	—	10.25	13.30	9.41	12.30	14.40	6.98	7.04	11.55
1998	16.61	13.05	—	10.82	14.56	9.63	12.34	14.38	6.90	7.79	10.20
1999	16.43	14.31	8.52	11.17	15.92	10.31	12.74	14.32	6.76	7.77	11.34
2000	16.42	14.16	8.49	11.07	14.31	10.27	12.77	13.77	6.70	7.61	11.67
2001	16.99	14.95	8.01	10.75	14.48	10.22	12.45	13.27	6.54	7.77	11.96
2002	17.20	14.89	7.93	10.91	14.82	10.25	12.34	13.32	6.81	7.64	12.22
2003	17.18	14.56	7.92	11.11	14.91	10.53	12.22	13.42	6.83	7.44	11.88

续表

年份	中国	巴西	印度	南非	瑞典	德国	英国	法国	美国	日本	韩国
2004	15.23	15.37	8.41	12.14	14.86	10.54	12.31	13.86	6.93	7.54	11.17
2005	15.42	15.39	8.26	12.64	14.91	10.71	11.99	14.04	6.92	7.74	11.20
2006	15.78	15.29	8.02	12.43	15.00	10.92	11.88	13.90	7.03	8.02	11.44
2007	16.15	—	8.19	12.50	15.12	11.46	11.84	13.71	6.97	7.83	11.54
2008	15.84	—	5.45	11.26	16.49	11.43	11.50	13.53	6.98	7.89	11.68

数据来源：联合国国民账户政府部门账户（http://data.un.org）。中国数据来自《中国统计年鉴》资金流量表。

3. 企业部门

根据资金流量表，企业部门初次分配收入＝增加值－劳动者报酬－财产收入净额－生产税净额，因此分析企业部门初次分配环节的变化，只需要分析这四者的趋势即可。图 2-1 展示了企业部门初次分配环节各要素的变化，从图中可以看出，造成企业部门初次分配收入占 GDP 比重不断上升的原因主要是劳动者报酬和财产收入净额的下降，但是由于前文提到的劳动者报酬数据存在的问题，因此造成企业部门可支配收入占比上升的原因主要是因为财产性收入净额的下降，这点与表 2-7 所展示的居民部门红利等其他财产性收入的不断增加也是相对应的。

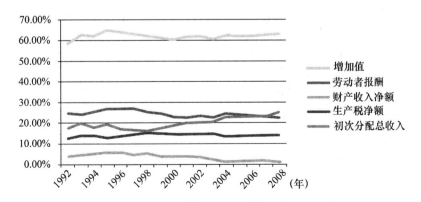

图 2-1　初次分配环节企业部门各要素变化趋势

数据来源：《中国统计年鉴》资金流量表。

　　综合以上对初次分配环节的分析，我们可以得出的结论是：导致居民部门可支配收入占比比较低的原因是居民部门财产性收入很低，政府部门可支配收入占比则是由于比较高的生产税净额引起的，企业部门可支配收入占比的下降则主要归因于财产性收入净额的下降。也就是说，未来若想增加居民消费，减少政府部门过高的可支配收入，应该注意增加居民的财产性收入，降低生产税，增加政府非公共管理性质的消费。

三　国民收入再分配环节的国际比较

1. 部门内各要素变化趋势

　　从居民部门各要素的变化趋势来看（见图 2 - 2），无论是经常转移净额，还是社会补助，还是社会保险缴款净额，在近 20 年均有比较大幅度的下降。导致居民部门在再分配环节可支配收入占比下降的最主要原因在于社会保险缴款净额在 2000 年之后急剧下降，其次是社会补助的下降。

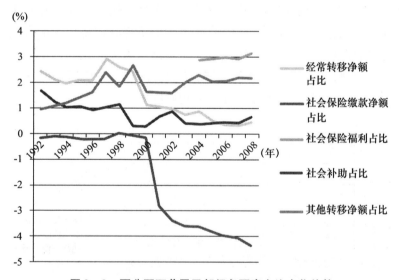

图 2 - 2　再分配环节居民部门各要素占比变化趋势

数据来源：《中国统计年鉴》资金流量表。经常转移净额 = 经常转移来源 - 运用，社会保险净额 = 社会保险缴款来源 - 运用，其他转移净额 = 其他转移来源 - 运用。

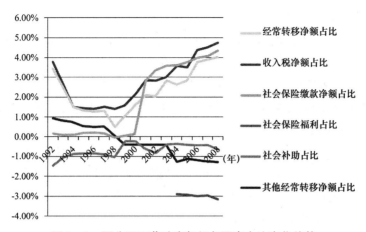

图2-3 再分配环节政府部门各要素占比变化趋势

数据来源:《中国统计年鉴》资金流量表。经常转移净额=经常转移来源-运用,社会保险净额=社会保险缴款来源-运用,其他转移净额=其他转移来源-运用。

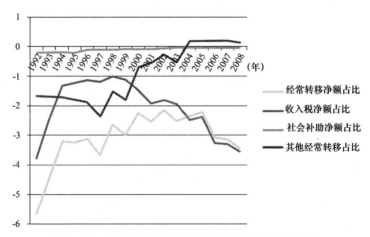

图2-4 再分配环节企业部门各要素占比变化趋势

数据来源:《中国统计年鉴》资金流量表。经常转移净额=经常转移来源-运用,企业部门收入税和社会补助净额来源于运用方数据,其他经常转移净额=其他经常转移来源-运用。

对于政府部门(见图2-3),经常转移净额占比大幅度上升,其中,收入税净额占比和社会保险缴款净额占比,在1998年之后都大幅度上涨,联系到居民部门社会保险缴款的大幅下降,可以得出结论,政府部门资金来源的增加和资金运用的下降,共同推动了政府部门经常转移净额的大幅度上升。对于企业部门,则主要是收入税净额的大幅度下降推动了经常转移净额的大幅度下降（见图 2 - 4）。简而言之，居民部门收入通过个人所得税和社会保险缴款流入了政府部门，而企业部门收入则通过收入税流入了政府部门。也就是说，再分配环节导致居民收入比重下降，进而导致消费不足的主要原因在于社会保险缴款以及个人所得税超过了社会保险福利和其他社会补助。这集中反映了中国转移性财政支出比重过低的特点。

2. 国际比较

从国际比较来看，金砖国家的居民部门基本上都是再分配环节资金①的净流入方，而除日本外主要 OECD 国家的居民部门则是资金的净流出方。对于政府部门，中国的问题似乎还不是最严峻的，中国政府部门再分配环节净额比发达国家平均低两到 3 个百分点，但是从趋势上来看，这 11个国家中几乎只有中国的政府部门经常转移净额呈现出明显的上升趋势。也就是说，虽然这些国家国民收入都有很大程度集中于政府部门，中国政府部门的集中度没有发达国家及其他金砖国家高，但是只有中国显示出越来越向政府部门集中的趋势，其他国家政府部门再分配环节净额占比都比较平稳或者有下降的趋势（见表 2 - 9）。

表 2 - 9　　　　　　居民部门再分配环节净额占 GDP 比重的国际比较　　　　（单位：%）

年份	中国	巴西	印度	南非	瑞典	英国	法国	美国	日本
1992	2.441	—	—	—	—	—	- 0.72	—	- 0.84
1993	2.128	—	—	—	- 6.66	—	- 0.45	—	0.09
1994	1.973	—	—	—	- 8.23	—	- 1.05	—	0.63
1995	2.084	1.35	—	—	- 9.47	- 1.27	- 0.82	—	1.59
1996	2.102	0.26	—	—	- 12.51	0.021	- 1.44	—	1.85
1997	2.918	- 0.18	—	16.70	- 13.39	- 1.5	- 1.74	—	1.67
1998	2.599	- 0.18	—	16.78	- 13.72	- 2.5	- 1.98	- 7.01	2.72
1999	2.431	0.02	3.31	15.76	- 12.94	- 4.08	- 2.95	- 7.33	3.15

---

① 属于居民部门和企业部门，再分配环节净额 = （社会保险福利 + 社会补助） - （收入税 + 社会保险缴款），政府部门再分配环节净额 = （社会保险缴款 + 收入税） - （社会保险福利 + 社会补助）。

续表

年份	中国	巴西	印度	南非	瑞典	英国	法国	美国	日本
2000	1.134	0.32	3.57	15.39	-15.65	-4.97	-3.06	-7.9	2.73
2001	1.081	0.38	4.37	14.67	-14.37	-5.93	-2.68	-6.84	2.25
2002	1.00	0.55	4.86	15.11	-15.29	-4.45	-2.04	-4.09	4.02
2003	0.74	1.32	5.01	14.50	-15.12	-5.39	-2.14	-3.13	3.85
2004	0.88	1.24	5.04	14.48	—	-5.65	-2.10	-3.06	4.50
2005	0.50	0.86	5.27	14.20		-6.74	-2.36	-3.74	3.95
2006	0.37	0.97	5.95	14.02		-6.57	-2.43	-4.18	3.50
2007	0.35	—	6.68	14.27		-8.13	-1.97	-4.31	3.41
2008	0.46	—	7.14	15.27		-7.23	-2.14	-2.84	3.19

数据来源:联合国国民账户居民部门账户（http://data.un.org.）。中国数据来自《中国统计年鉴》资金流量表。

对于企业部门,在选取的 11 个国家中,只有中国、美国和巴西企业部门再分配净额为负值,而且以中国的绝对值为最高。就此而言,中国企业收入税从国际比较的角度来看,已经处于一个相当高的水平,也就是说,中国企业部门的可支配收入能保持一个上升的趋势,主要是由于初次分配可支配收入在国际比较上处于一个比较高的水平。

总的来说,由于跟其他国家相比,中国的国民收入有越来越向政府部门集中的趋势,这也解释了中国政府部门可支配收入过高的原因,说明中国确实需要不断加大政府消费,增加医疗、教育等方面的支出,使政府部门可支配收入回归一个合理的水平(见表 2 - 10、表 2 - 11)。

表 2 - 10　　**政府部门再分配环节净额占 GDP 比重的国际比较**　　(单位:%)

年份	中国	巴西	印度	南非	瑞典	德国	英国	法国	美国	日本	韩国
1992	3.44	—	—	—	—	10.41	-12.41	8.01	6.42	12.60	5.50
1993	2.39	—	—	—	-5.81	9.55	-13.93	6.83	6.57	11.18	5.63
1994	1.47	—	—	—	-3.35	9.47	-12.87	7.43	6.99	10.03	5.64
1995	1.34	-37.28	—	—	9.69	9.49	5.13	7.46	7.52	9.37	5.45
1996	1.28	-10.76	—	—	12.89	9.26	5.37	7.87	8.00	9.34	5.79

续表

年份	中国	巴西	印度	南非	瑞典	德国	英国	法国	美国	日本	韩国
1997	1.30	-8.61	—	9.24	13.96	9.22	6.27	8.19	8.87	9.43	4.95
1998	0.46	-10.89	—	10.19	13.61	9.50	7.99	8.61	9.68	7.74	5.63
1999	1.02	-11.75	1.00	10.17	13.36	9.54	8.26	9.57	10.00	6.69	4.50
2000	1.63	-11.70	1.02	9.44	15.97	9.93	8.99	9.80	10.50	7.30	6.85
2001	2.10	-12.38	0.61	10.87	13.95	8.20	8.60	9.95	8.87	7.88	6.02
2002	2.03	-12.53	0.57	10.56	11.73	7.28	7.00	8.66	5.75	6.02	5.26
2003	2.85	-13.07	1.08	9.36	11.33	6.79	6.68	8.12	5.05	5.99	6.20
2004	2.63	-10.77	-0.28	8.38	12.04	6.30	7.25	7.93	5.27	5.37	5.90
2005	2.83	-11.34	-0.29	9.02	13.07	6.37	8.30	7.96	6.61	6.10	6.09
2006	3.80	-11.69	0.45	9.95	13.13	7.53	9.37	8.59	7.37	6.89	5.91
2007	3.91	—	0.88	9.95	13.27	8.30	8.93	8.35	7.11	7.28	6.45
2008	4.01	—	0.38	10.18	10.97	8.56	8.97	8.14	4.60	6.90	5.77

　　数据来源：联合国国民账户政府部门账户（http://data.un.org.）。中国数据来自《中国统计年鉴》资金流量表。

表2-11　　　　**企业部门再分配环节净额占GDP比重的国际比较**　　　　（单位:%）

年份	中国	巴西	南非	瑞典	德国	英国	法国	美国	日本	韩国
1992	-5.65	—	—	—	4.67	6.96	5.58	—	-2.60	3.10
1993	-4.33	—	—	15.38	5.30	5.89	5.70	—	-1.76	3.51
1994	-3.21	—	—	6.45	5.32	4.24	5.03	—	-1.32	3.19
1995	-3.22	0.44	—	3.98	4.91	3.63	5.33	—	-1.36	4.11
1996	-3.13	0.01	—	3.99	4.99	6.20	4.50	—	-1.61	3.74
1997	-3.68	-0.22	5.85	2.78	4.82	1.32	3.77	—	-1.52	4.62
1998	-2.64	0.10	4.80	2.21	4.57	1.22	3.65	-2.23	-0.81	3.68
1999	-3.00	0.31	4.79	1.97	4.84	0.86	3.35	-2.19	-0.40	5.11
2000	-2.24	-1.30	4.68	0.65	4.32	1.39	3.13	-1.93	-0.37	4.66
2001	-2.54	-0.72	2.72	1.73	5.83	-0.32	3.42	-1.14	-0.18	6.17
2002	-2.13	-2.36	2.29	2.19	5.67	1.63	3.92	-1.22	0.44	2.30
2003	-2.52	-1.88	3.15	0.75	5.08	0.66	4.17	-1.74	0.40	2.03
2004	-2.32	-3.27	2.06	0.28	4.83	0.86	3.71	-2.13	0.74	2.12

续表

年份	中国	巴西	南非	瑞典	德国	英国	法国	美国	日本	韩国
2005	-2.21	-4.03	1.07	-0.78	4.98	0.55	3.52	-2.79	0.46	1.48
2006	-3.10	-3.82	-0.53	-0.59	4.10	0.37	2.92	-3.19	0.04	2.23
2007	-3.15	—	0.08	-1.62	4.09	-2.42	3.13	-2.67	-0.22	1.83
2008	-3.46	—	-0.44	-0.72	4.26	-0.37	3.03	-1.50	0.74	1.97

　　数据来源:联合国国民账户企业部门账户 (http: //data. un. org)。中国数据来自《中国统计年鉴》资金流量表。

四　小结

　　作为消费的对立面,我国国民储蓄率的上升主要是由于企业部门可支配收入占比的增加和政府部门储蓄倾向的大幅度增加,其次是政府部门可支配收入占比的增加,居民部门虽然储蓄倾向有所增强,但由于可支配收入占比的急剧下降,居民部门储蓄率在这十几年来只有小幅度的上涨。这个结论在一定程度上说明了我国内需不足的原因在于政府没有充分发挥好再分配的职能来"分好蛋糕",但是并不能一味地强调要"提高居民部门收入比重,降低政府部门收入比重",因为政府部门可支配收入占比的不断上升主要是因为储蓄倾向的大幅增加,因此政策的重点应放在如何正确有效地分好政府部门的蛋糕,增加对居民的转移支付,降低居民部门的支出,使得最终居民部门的蛋糕倾向于有效且公平的分配。

　　在初次分配环节,居民部门可支配收入占比的下降主要是因为财产性收入占比比较低,因此要扩大内需,决策者应该不断完善市场制度,尤其是在金融体系改革上,加强监管,促进交易透明化,完善企业信息披露制度等,从而促进居民投资的多样化。另外政府财政收支的改革和透明化也至关重要,这样才能让民众清楚政府的钱最终花往何处,而不是随意猜测以至于都认为"国进民退"。

　　需要指出,要扩大居民消费,不能盲目地在劳动者报酬上下功夫。对于我国的劳动者报酬,在经过调整之后,其占国民收入的比重并不像一般研究的结果显示的那样一直在下降,而是呈现一个上升的趋势。另外,由于经济发展阶段的限制,我国目前劳动者报酬占比低于主要发达国家水平，但相比于其他金砖国家，基本上处于一个比较正常的水平，而且发展速度也很快，因此不应盲目地推行"建立工资正常增长机制""推行区域或行业工资集体协商机制"，应该尊重市场形成的工资水平，让市场充分发挥作用，太多的干预只会对市场及资源配置造成扭曲，而且可能会使得一些非垄断企业退出市场，从而造成失业增加。从另一个方面来说，劳动者报酬占 GDP 比重也并非越高越好，劳动者报酬的增加应该与一国的经济发展水平以及劳动生产率相适应，而不是人为地来提高，没有自己商品和服务的增加值在全球产业链份额的提升，勉强提高劳动者报酬比重只会得不偿失。

再分配环节导致居民消费不足的原因主要在于转移性财政支出比重较低，居民部门社会保险净额不断下降，政府部门社会保险净额不断上升。因此，要提高居民部门的生活水平，解决我国收入分配不公及高国民储蓄的问题，政府应加大社会保险支付力度，完善医疗及养老保险等制度，让老百姓"病有所医，老有所养"，从而降低预防性储蓄。由于收入较低阶层的边际消费倾向比较高，政府应加大转移支付力度，提高收入较低阶层的可支配收入，同时亦可改善收入分配状况。除此之外，政府不应该过多地参与经济运行，而应让市场本身来发挥作用，用市场手段来提高资本市场的运作效率，提高非货币资产的收益率，让居民拥有更多的财产性收入，从而刺激消费。

第 三 章

国民收入分配的演变规律及
财税政策的作用

一　收入分配影响内需的内在机理

近年来，收入分配已成为我国政策讨论和学术研究的热点问题。需要指出的是，收入分配问题实际上包含两类：一是国民收入分配格局，即企业、居民和政府如何分享经济发展的成果；二是居民内部收入分配不均的状况，即收入差距问题。两种收入分配状况相互影响，但不能混同。本章主要关注国民收入分配状况。

展望中国未来20年的发展，国民收入分配格局已经成为影响经济可持续发展，构建和谐社会的重大战略问题。首先，调整国民收入分配格局对扩大内需具有至关重要的作用，国民收入分配格局的调整与转变经济发展方式密切相关，促进我国经济发展由投资拉动向消费拉动转变。中国经济长期以来具有高储蓄、高投资与高增长的特点，近年来出现高度依赖外需的特征。其中，高储蓄率是高投资率以及对外依存度上升的基础，也是我国经济发展方式的典型表现。我国经济快速发展过程中的高储蓄率，与日、韩等东亚经济体高速增长时期类似；但像我国这样的国民储蓄率超过50%的现象，在其他大国的经济发展历史上还未曾出现。与储蓄率不断攀高相对应，我国的消费占GDP比重已经从1990年代的60%以上，下降到2008年的48.6%，其中居民消费占GDP的比重更是下降到35.3%，从而导致经济增长严重依赖投资和出口。Kuijs（2005）、李扬（2007）等学者的研究发现：中国的高储蓄率，是国民收入分配中政府与企业的可支配收入份额不断攀高，由此导致企业与政府储蓄率不断攀高的结果。在2007年以来的全球金融危机之后，中国社会各界已经认识到，经济增长的动力需要加快转变到以消费为主体的内需基础上。实现这一目标的基础，应是当前的国民收入分配格局有所改变。

其次，居民收入差距不断扩大也会影响居民消费。我国居民消费不足，与居民收入差距逐渐扩大，国民收入初次分配中劳动份额下降，再分配环节财政收支未能有效缓解密切相关。居民收入差距过大，既不利于经济的持续增长，引起居民消费不足，也可能带来一系列的经济社会问题，不利于社会稳定和和谐社会的构建。由于物质资本的集中度远高于人力资本的集中度，因此国民收入分配中的劳动收入份额对于居民收入分配影响很大。刺激居民消费，缓解收入分配差距，需要在初次分配中提高劳动份额，在再分配中加强财政收支的公平性。归根结底，在我国的现实国情下，刺激内需与国民收入格局的合理化密切相关。

从中国未来20年可持续发展的角度来看，清楚判断国民收入分配格局的演变趋势在政策上非常重要。作出这一判断，需要建立在透彻了解影响国民收入分配格局的各种因素，并能理解各项政策对国民收入分配格局影响的基础上。为此，本章首先基于国际经验和学术文献，归纳国民收入分配格局的演变可能存在的客观规律；其次从理论上分析财税政策对于收入分配的作用机制。

二　国民收入分配格局的演变规律

（一）国民收入分配格局的分析框架

关于国民收入分配格局的研究，主要是在国民经济核算的基础上，将社会主体分为企业、政府与居民三个部门，考察社会生产成果在三个部门间的分配状况。在中国，常用资金流量表（实物交易）总结社会生产成果在三个部门之间分配的流程和结果。如表3-1所列举的中国资金流量表简表（实物交易）所示，在收入分配过程中，居民部门的主要收入来源项包括初次分配中的增加值（农户以及个体经营户）、劳动者报酬、财产收入，生产税是其运用项；在再分配过程中的社会保险福利和社会补助是居民部门主要的收入来源项，收入税及社会保险缴费是其主要运用项。企业部门的增加值是其主要的收入来源项，而劳动者报酬、财产收入（主要体现为企业分红）、各项税收等是其主要的使用项。政府部门在初次分配中主要通过生产税获取财政收入；在再分配阶段通过财政收入（所得税、社会保障缴费等）与财政支出（以社会保障为主体的转移性支出）两个维度，影响三个部门之间的最终的可支配收入。总体上看，由于生产税一般被认为是中性税，因此初次分配主要体现为以资本与劳动为主体的各生产要素之间的分配关系，政府的影响不大；[1] 而再分配阶段则与政府的行为息息相关。

表 3 – 1　　　　　中国资金流量表简表（实物交易，忽略国外部门）

项目	企业部门	政府部门	居民部门
初始值	增加值	增加值	增加值
劳动者报酬	出（－）	出（－）	进（＋）
生产税	出（－）	进（＋）	出（－）
财产收入	有进有出 （净额为出）	有进有出	有进有出 （净额为进）
初次分配结果	初次分配收入	初次分配收入	初次分配收入
收入税	出（－）	进（＋）	出（－）
社会保险缴费	无	进（＋）	出（－）
社会保险福利和社会补助	出（－）	出（－）	进（＋）
其他项	—未统筹企业支付的离退休费和医疗费 —国内保险赔款和给付	—未统筹机关单位支付的离退休费和医疗费 —国内保险赔款和给付	—未统筹离退休职工的离退休费和医疗费 —国内保险赔款和给付
再分配结果	企业可支配收入	政府可支配收入	居民可支配收入
消费	无	有	有
储蓄	企业可支配收入	政府可支配收入 —政府消费	居民可支配收入 —居民消费

　　数据来源：根据国家统计局出版的《中国经济普查年度资金流量表编制方法》（国家统计局国民经济核算司，2007）整理。

---

　　[1]　这也与各国税制有关系。在以间接税为主体的国家中，政府在初次分配中即获取了较大份额的收入，从而导致企业和居民部门收入分配降低。这一提示在进行国际比较时需要关注各国的税制，或者直接计算资本和劳动两者之间的分配份额更为准确。

结合表 3 - 1，如果将焦点放在居民部门的可支配收入上，则可以看出初次分配中主要体现为居民与企业之间的分配关系，即劳动者报酬的份额问题；① 在再分配过程中，政府财政收支两方面的行为都将会影响到居民部门的可支配收入。学术界也基本上按照这一脉络来考察国民收入分配状况的演变规律。

（二）初次分配——劳动收入份额

初次分配主要关注不同生产要素之间的分配问题，其核心是资本和劳动之间的分配。自亚当·斯密以来，众多古典经济学家对此都高度关注。进入 20 世纪，随着可用数据的逐步积累，Clark（1932）、Kuznets（1937）、凯恩斯等著名学者对英、美等国要素分配实际状况进行了测算。Keynes（1939）总结这些测算的结果认为，"在英美两国的国民收入中，劳动收入份额一直保持稳定水平，这是一个既令人吃惊，又确切存在的事实"。其后，如 Johnson（1954）对美国 1850—1952 年的要素分配份额进行测算，也发现这一百年里美国国民收入的要素分配份额基本保持常数。基于这些研究，Kaldor（1961）在总结经济增长的几大典型事实时，"要素收入是稳定的"就是其中之一（罗长远，2008）。在此之后，资本和劳动力要素在国民收入中的分配份额在长时间内为常数，这一观点成为经济学界的主流认识。要素分配份额为常数的假设，在经济增长理论、增长核算等领域被普遍采用。

当然，一些文献也对这种共识提出了质疑。如 Solow（1958）就发现美国的总体要素分配份额并不稳定。还有些研究者指出部门要素分配份额总是在不断变化，如 Gujarati（1969）、Lianos（1971）等发现劳动收入份额呈明显下降趋势。一些学者还开始研究要素分配份额的周期变化，如 Modesto 等（1993）都发现劳动收入份额与通货膨胀率反方向运动，在经济扩张期，劳动收入份额降低。其中，学者们也对于在统计上计算劳动收入份额的口径展开了讨论，如哪些人算是工人？哪些收入计入劳动报酬？公司管理者的股权计入劳动收入吗？等等。不同国家的统计口径不同，也会影响研究的结论。

理论上，罗宾逊夫人（1933）引入要素替代弹性概念，这为学术界进一步分析要素分配份额的变化规律奠定了基础。Berndt（1976）利用美国

---

① 当然，一般来说财产收入也是居民部门的重要收入来源。

数据估计了美国总体经济的要素替代弹性，得到其可能为 1 的结论。按照新古典要素分配理论，要素替代弹性为 1，表明无论要素比和效率如何变化，要素分配份额均为常数。这类研究进一步支持了要素分配份额长期不变的结论。总体上看，虽然存在一定的争议，但在 20 世纪 80 年代以前，整个经济学界较为接受要素分配份额长期不变的结论。

但从 20 世纪 80 年代以来，很多发达国家出现了劳动份额有所下降的情况。如图 3 - 1 所示，OECD 国家自 20 世纪 80 年代开始出现了劳动收入份额明显下降的趋势。这一新情况重新激起了学术界对于这一问题的研究兴趣。Blanchard（1997）和 Poterba（1997）都发现，包括西班牙、意大利、法国和德国等在内的欧洲大陆国家的劳动收入份额，在 20 世纪 80 年代到 90 年代均处于下降趋势，但英、美和加拿大却无明显的趋势。Bentolila 等（2003）也有同样的发现，他们同时指出各国劳动收入份额之间还存在较大的差异：例如芬兰、瑞典等国的劳动份额约为 72%，而法国、德国和意大利则约为 62%。Gollin（2002）收集了联合国国民经济收入分配的数据，把自营收入（自我雇佣的个体劳动者）纳入劳动所得，认为劳动份额的变化是由于自营收入没有被统计，如进行调整后则劳动份额在长期内仍是保持不变。这些研究一方面总结了劳动收入份额逐步下降的新典型事实，另一方面也指出了各国的差异性及研究上可能存在的问题。

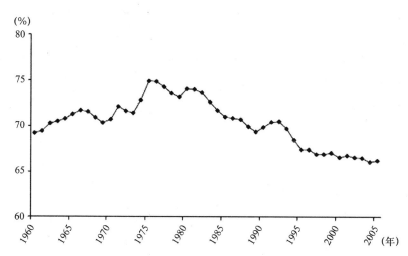

图 3 - 1　1960—2005 年 17 个 OECD 组织国家劳动收入份额演变状况

数据来源：Glyn（2007）利用 OECD 经济展望数据库计算所得。

一些学者还开始关注要素分配份额及其变化趋势在发展中国家的特征。一些文献认为其与发达国家差异并不显著（Bernanke et al.，2002），而另一些文献则认为劳动收入份额在发展中国家比较低，在发达的工业化国家较高（Harrison，2002；Rodríguez et al.，2006）。Hofman（2001）发现20世纪50—90年代，拉丁美洲国家劳动份额在50年间呈下降趋势。Shastri等（2005）研究发现印度工业中的工资份额1973—1997年下降了19个百分点，并指出这主要是产业技术变迁和低工资产业比重增加共同作用的结果。Harrison（2002）则发现，在这30多年间，劳动份额在穷国下降，在富国上升。这些新的文献，进一步丰富了全球范围内要素分配份额的典型事实。

在对事实进行梳理的基础上，研究者开始关心导致各国要素分配份额存在差异及发生变化的原因。总的来看，大量理论和实证文献指出：经济发展阶段、产业结构、要素投入的差异、全球化及有偏的技术进步、劳动力市场的制度，可能是影响各国的要素分配份额及其变化趋势的重要因素（罗长远，2008；白重恩等，2009）。不过，仔细梳理相关文献可以发现，这些因素可能并非相互独立的变量，而是相互交叉在一起发挥作用，难以绝对分开的。

（1）经济发展阶段。Lee等（2005）、Jayadev（2007）对劳动收入份额的研究包括了人均GDP的一次项，发现在大多数时候人均GDP同劳动收入份额正相关。Harrison（2002）以本国相对于外国的人均收入水平为解释变量，发现它与劳动收入份额显著负相关。Diwan（2000）在劳动收入份额的决定方程中放入人均GDP的一次项和二次项，结果发现前者的系数为正，后者系数为负，表明劳动收入份额与经济发展水平之间的关系呈倒U形。然而，李稻葵等（2009）利用跨国数据进行的回归分析却发现，两者之间的关系呈U形，即劳动份额先下降后上升。

（2）产业结构。Kongsamut等（2001）指出，劳动收入份额在产业间存在很大差异，而一国产业结构的演变，必然会影响其总量上的劳动收入份额。Serres等（2002）对欧美六国的分析表明，制造业向金融业转型导致这些国家劳动收入份额下降；Morel（2005）对加拿大的分析表明，尽管制造业向服务业转型使总体劳动收入份额降低，但制造业的劳动收入份额降低是推动加拿大整体劳动收入份额降低的主力。

（3）要素投入的差异。要素投入的差异即生产中劳动与资本的比例。Harrison（2002）利用 1960—1997 年 100 多个国家的数据，发现劳动与资本比例越高，劳动收入份额越小。他对此的解释是，随着劳动力的增加，资本回报相对上升，劳动收入份额下降。Poterba（1997）对美国的研究也得到相似的结论。然而，Bentolina 等（2003）利用 1972—1993 年 OECD 国家的数据进行的研究发现，资本产出比对劳动收入份额的影响显著为负。不过他同时指出，除要素投入的差异之外，有偏的技术进步，劳动力市场的不完全竞争是影响劳动收入份额下降的主要原因。Diwan（2000）运用 1975—1995 年世界 135 个国家的数据，发现资本积累对劳动收入份额的影响在富裕国家和贫穷国家是不一样的：在富裕国家，资本积累越多，劳动收入份额越高，这种结果可能与资本存量越高，劳动力讨价还价能力越强有关，这一结论与 Bentolina 等（2003）的不同；而在贫穷国家，资本积累与劳动收入份额负相关，可能意味着在资本存量较低的时候，劳动力只能在收入中要求一个很小的份额，才可以吸引资本的流入。Diwan（2000）还考察了人力资本存量对于劳动收入份额的影响，发现：富裕国家人力资本积累越多，劳动收入份额越高；而贫穷国家人力资本积累越多，劳动收入份额越小。

（4）全球化与技术进步。在近几十年来，无论是发达国家还是发展中国家，劳动收入份额都呈现出下降的趋势。近期大量文献都将这一现象与全球化和技术进步联系在一起，其研究结论社会反响也较大。新古典贸易理论指出，发达国家与发展中国家之间的贸易，可能会降低前者的劳动收入份额。而全球化引致的各国为吸引资本进行的竞争，可能会弱化工人的谈判地位，使得劳动收入份额降低。这些理论上的推论也陆续为相关实证文献所证实。Harrison（2002）的研究发现自 20 世纪 70 年代以来劳动收入份额有所下降，这不仅与要素投入变化有关，也与全球化有关。Guscina（2006）对 18 个工业化国家的计量分析，也表明全球化对劳动收入份额的降低有明显影响。Ortega 等（2002）发现在开放程度和一国的资本收入份额之间存在一定的正相关，并且指出一个可能的解释是全球化削弱了劳动者的讨价还价能力。Diwan（2001）用 100 多个国家的劳动收入份额和金融危机的数据，发现金融危机多数伴随劳动收入份额降低，从而金融危机的社会损失更多地由劳动者承担，由此他认为，全球化，特别是放松资本管制，可能通过金融危机对劳动收入份额产生负面影响，给劳动者带来永久的创伤。

从逻辑上看，由于资本的流动性较强，全球化将会导致倾向于资本的技术进步。Bentolina 等（2003）用全要素生产率（TFP）表示技术进步，发现这一指标对 OECD 国家劳动收入份额的影响显著为负，他们把这一结果归于技术进步的资本增强属性。Guscina（2006）也有类似的结论。Jaumotte 等（2007）综合考虑全球化与技术进步的影响，认为有偏的技术进步影响更大。IMF（2007）总结各国的典型事实认为，全球化使得高技能劳动者的谈判地位上升，进而其劳动收入份额上升，而低技能却恰恰相反。这也是当前发达国家出现居民收入分配差距加大的重要原因。其背后也同样存在有偏的技术进步因素的影响。

（5）劳动力市场制度。劳动力市场的制度对劳动收入份额的影响主要体现在对工人的保护程度，其最终影响体现在两个渠道，一是工资，二是就业，且两者的影响方向可能相反。Blanchard 等（2003）指出解除劳动力市场的管制，是 20 世纪 80 年代中期到 90 年代之间德国、法国、意大利和西班牙四国的劳动收入份额下降的原因，其潜在的含义是就业保护有助于提高劳动收入份额。Guscina（2006）用工人参加工会的比例衡量对劳动力的保护强度，发现 20 世纪 80 年代中期以后，工业化国家工会力量弱化和就业保护强度下降是劳动收入份额下降的原因之一。然而，Bentolina 等（2003）考察了罢工次数对劳动收入份额的影响，发现它对劳动收入份额影响为负，但并不显著。这一发现的政策含义与前者有所差异。

总结相关文献来看，虽然各国存在差异，近年来全球均出现劳动收入份额下降的趋势似乎已经得到承认。然而对其影响因素的分析，结论尚较为含糊。存在共识的是，全球化以及倾向于资本的技术进步，是近几十年来发达国家劳动收入份额下降的重要原因。而在其他方面，许多文献研究的结论甚至方向相反。如在产业结构方面，Serres 等（2002）发现从制造业向服务业转型降低劳动收入份额，而 Morel（2005）则认为产业结构转型不重要。其他的如经济发展阶段、要素投入差异、劳动力保护程度等方面的研究都有类似问题。如果透视文献中分析的基本逻辑则可以发现，无论是关注哪类外在原因，劳动者基于供求形势在市场中的谈判地位（而非外加的谈判地位），是影响劳动收入份额的关键因素。

略有遗憾的是，文献中对于发展中国家的关注较少，需要注意以发达国家为背景的研究，其结论并不一定适用于发展中国家。同样以产业结构为例，以上两篇文献主要关注从制造业转向服务业对于劳动收入份额的影响，这与发展中国家主要是从农业部门转向其他两个部门的背景不同。[①]近期，李稻葵等（2009）、Maarek（2010）等学者的文献主要以发展中国家的产业结构转型为研究对象，分析了劳动收入份额的演变规律。两篇文献的差异在于，李稻葵等（2009）的模型中分析劳动力从农业部门转向工业部门，而 Maarek（2010）则分析劳动力从非正式部门（同样是以农业部门为主）转向工业部门。实质上看模型分析的背景差异不大。两者的结论类似，都认为两个部门的生产率有差异，而劳动力在部门间的转移速度低于资本的转移速度，由此会导致劳动收入份额在经济发展早期处于下行的态势，到某个阶段之后才会上升。Daudey 等（2007）发现，劳动收入份额越高，收入差距（基尼系数）越小，与这一结论也较为吻合。

（三）再分配——政府规模与财政支出结构

在再分配领域，最为突出的问题是政府规模与财政支出结构问题，即政府利用其公共权力，从国民收入中获得多少收入支配权；同时，政府又如何安排财政支出的方向。这两个方面都将影响企业、居民与政府最终的可支配收入。政府财政收支规模的扩大，反映了政府干预国民收入分配的力度增大。

从发达国家的经验事实来看，如表 3 - 2 所示，在过去的一个多世纪中，政府支出占 GDP 的比重从不足 10%，上升到目前的超过 45%。对于这一现象，有很多的理论试图加以解释。如有名的瓦格纳法则指出，政府的规模与人均 GDP 正相关，其理由是诸如教育等政府支出是一种奢侈品。Baumol（1967）提出"成本病"假说，认为由于政府的生产效率要低于工业部门，因此随着经济发展，政府部门支出占 GDP 的比重将越来越高。很多学者（如 Oxley，1994；Easterly et al.，1993）或者用时间序列数据，或者用横截面数据，实证检验表明随着经济发展水平的提高，政府规模将更大。

---

①　有趣的是，基于发达国家文献的研究，发现从制造业转向服务业，或强或弱会导致劳动收入份额下降。而目前中国有关提高劳动收入份额的政策建议中，往往会认为大力发展服务业是重要政策措施。这或许提醒我们，应当关注何种服务行业才能有效提升劳动收入份额。

表3-2　　1870年以来若干发达国家政府总支出的增长（占GDP的百分比,%）

年份 国家	1870年前后	1913	1920	1937	1960	1980	1990	1996
澳大利亚	18.3	16.5	19.3	14.8	21.2	34.1	34.9	35.9
加拿大			16.7	25.0	28.6	38.8	46.0	44.7
法国	12.6	17.0	27.6	29.0	34.6	46.1	49.8	55.0
德国	10.0	14.8	25.0	34.1	32.4	47.9	45.1	49.1
日本	8.8	8.3	14.8	25.4	17.5	32.0	31.3	35.9
挪威	5.9	9.3	16.0	11.8	29.9	43.8	54.9	49.2
瑞典	5.7	10.4	10.9	16.5	31.0	60.1	59.1	64.2
荷兰	9.1	9.0	13.5	19.0	33.7	55.8	54.1	49.3
英国	9.4	12.7	26.2	30.0	32.2	43.0	39.9	43.0
美国	7.3	7.5	12.1	19.7	27.0	31.4	32.8	32.4
平均	9.7	11.7	18.2	22.5	28.8	43.3	44.8	45.9

数据来源：坦齐、舒克内希特：《20世纪的公共支出：全球视野》，商务印书馆2005年版。

　　事实上，数据变化背后反映的是人们对政府职能的认识发生了很大变化。坦齐等（2005）的著作《20世纪的公共支出：全球视野》，系统回顾了发达国家和新兴国家1870年之后政府支出规模扩张的历史，并探讨其背后的原因。他们得出的结论认为，在政府规模扩张以及近期相对收缩的背后，反映的是人们对于"政府应当干什么"的认识在发生变化。如凯恩斯就说，"对政府而言，重要的事情是去做那些目前根本没有做的事情"。人们思想意识的变化，使赋予政府的职能大大拓展。而为了行使这些职能，就需要政府在再分配过程中获取更多的份额。

　　坦齐等（2005）的著作同时也指出一个事实：发达国家政府规模的扩张与财政支出结构的调整是同步的。他们基于历史数据的分析发现，在发达国家政府规模扩张的过程中，政府的实际支出（一般指政府工资和薪金支出、政府物资和设备采购支出的总和）虽略有增长，但并非政府规模扩张的主要原因。如表3-3所示，政府规模扩张的主要方面还是公共补贴和转移支付的大幅度上升。其中最为重要的，是反映出发达国家的社会福利活动扩展，导致社会性支出的增加。总体上看政府规模的扩张，反映出的是政府大幅度承担了很多过去很少承担的职能，比如为了促进社会公平、降低社会风险方面的支出，典型的如医疗、养老等方面的支出。当然，另外还有一些过去虽然也是政府的支出范围，但近些年来大幅增加的政府职能，典型的如教育。

表3-3　　　　　1870年以来以上十国政府支出项目的结构变化

（占 GDP 百分比的平均值，%）

支出项目 ＼ 年份	1870 年前后	1913—1920	1930 年前	1960	1980	1990
医疗	0.3	0.4	0.5	2.4	5.8	6.5
养老	0.6	1.1	0.8	4.3	7.8	8.4
教育	0.6	1.7	1.9	3.8	6.4	6.3
三项合计	1.5	3.2	3.2	10.5	20.0	21.2
公共投资	2.0	3.2	4.1	3.4	3.3	2.8

数据来源：坦齐、舒克内希特：《20世纪的公共支出：全球视野》，商务印书馆2005年版，根据该书资料整理。

一些文献还专门分析了政府承担这些支出背后的理论和现实原因。Poterba（1994）探讨了政府为什么要承担医疗和教育部门的支出问题，认为这两个部门虽然都部分具备公共产品或外部性的特性，需要政府加以一定程度的干预，但从历史事实来看，政府干预这两个部门主要基于促进社会公平的考虑。Culter等（2002）利用养老保险和医疗保险制度的产生以及支出增长作为研究素材，收集整理了多国数据实证研究了究竟是什么因素影响各国采用并加大养老和医疗保险的支出。他们研究的结果表明，社会保险类项目的启动，甚至与人均收入水平有一定的负相关；天主教国家更容易启动养老保险。至于其他各种对于社会性支出的理论解释，如是民主国家还是独裁国家，种族多样性等因素，难以从数据中得以体现。这一研究结果表明，诸如养老和医疗类福利支出，其产生和扩张在政治上有多种理由，难以用单一的因素加以解释。一些文献将各国的国情与政府规模联系在一起，解释为什么不同国家的政府规模和财政支出结构有所差异，也获得类似结论。Cameron（1978）利用 18 个 OECD 国家的资料，发现这些国家 1960 年的贸易开放度，是其随后政府规模扩大的很好的预测指标。Rodrik（1998）将样本量扩大到所有收入水平的国家，同样发现这一现象。他们给出的解释是，经济更为开放的国家，其居民所面临的各种风险更大，因此需要政府加大社会支出，以缓解风险带来的影响。Easterly 等（1997）关注人群异质性，如种族或民族的多样性对于政府规模的影响。他们发现，非洲国家种族多样性与公共产品（电信、交通、教育等）的供给负相关，其原因可能在于异质人群难以形成对公共产品的共同偏好；Alesina 等（1999，2003）基于其他国家或地区的研究也有类似的发现。Meltzer 等（1983）关注居民收入不平等对于政府规模的影响，他们认为在收入分配不公平的情况下，多数民主制下会有更多的收入再分配。

三　财税政策调节国民收入分配的作用模拟

（一）作用模拟的基本思路

如上文所述，国民账户体系中的资金流量表给出了财政政策调节收入分配的基本框架。不同的财政政策，对于不同居民、企业和政府部门可支配收入份额的影响，在资金流量表中都有清楚的演示，因此也可以利用其对财税政策的调节效果进行基本的模拟演示。例如，企业缴纳增值税或营业税，按照资金流量表则是企业可支配收入减少，政府可支配收入增加，居民部门可支配收入不受影响。因此，如果在政策上对增值税税制进行调整，例如当前的营业税改征增值税，则只要计算出改革对税收总额的影响，就可以计算出改革对企业和政府部门可支配收入的影响。

然而需要注意，这样的结论仅仅反映的是静态上、直观上的统计结果，而非经济分析中政策对于不同部门真实的影响。其原因在于，无论是企业部门还是居民部门，对于财政政策及其变化会有能动的行为反应，这种反应将减弱或增加政府政策对自身的影响。同样以增值税为例，虽是由企业部门缴纳，但企业可以通过提价的手段，将税收部分或全部转嫁给消费者，从而居民部门实际会承担税负，而企业部门自身并非完全承担增值税。针对这种情况，需要借助财政学中的税收归宿理论（the Theory of Tax Incidence）或支出归宿理论，才能正确分析财税制度对国民收入分配格局乃至居民收入分配差距的影响。之所以需要采用税收归宿理论或支出归宿理论，是因为该理论以局部均衡模型或一般均衡模型为基础，考虑到了行为主体的能动反应，因此能够全面地、动态地、贴近现实地揭示财政税收制度对国民收入分配格局的作用。

同样需要指出，现实中财政政策对于收入分配的影响非常复杂，即使是税收归宿理论或支出归宿理论也只能提供一个粗略的方向性分析，且理论的分析结论高度依赖于对初始环境的假设，因此也难以对财政政策的影响给出精确的推断。更为精确的判断，往往需要庞大的微观数据进行事后的评估。同时，在税收归宿理论和支出归宿理论之间，税收归宿理论更为基础。在各类财政支出之中，转移支付类支出直接影响收入分配格局。而政府消费与政府投资静态来看在短期内只是影响居民的效用水平和生活质量，以及一个社会的经济发展前景，而不会影响居民的收入分配格局。当然，动态来看其在长期内对收入分配格局有重要影响。转移支付类财政支出对收入分配格局的影响，由于"支出归宿"一直被认为是"税收归宿"的延伸部分（Fullerton and Metcalf，2002），只需将财政支出视为某类税率的变化，税收归宿理论的基本框架就仍然适用。①

基于这些考虑，本章以下首先使用发达国家早期的例子，在不考虑企业、居民行为主体反应的基础上静态模拟财税制度对收入分配格局的影响。然后在一般均衡或局部均衡的框架下结合财税理论，在考虑行为主体能动反应的基础上理论模拟各类财税政策对收入分配的影响。最后针对若干特殊的财政政策进行针对性分析。

（二）财税制度影响收入分配格局的综合静态模拟

本节主要引用库兹涅茨于1966年出版的专著《现代经济增长》，在考察1954—1960年，征收生产税、所得税和社会保障税以及发放各类转移支付对13个发达国家、7个中等收入国家和12个低收入国家国民收入分配格局的影响。在库兹涅茨的分析中，通过假设政府部门采取不同的政策组合，企业和居民部门不会对政策加以能动反应，静态分析在不同政策组合下不同部门的收入份额的变化。库兹涅茨的分析清楚地体现了各类财政政策对收入分配状况的影响，具体情况参见表3-4。

---

① Fullerton，D.，and G. E. Metcalf，2002，Tax Incidence，NBER Working Paper 8829.

表 3 - 4　　财税制度影响国民收入分配格局的静态模拟——以多个国家为例

项目	按人均 GDP 分组的若干国家		
	575 美元以上	200—574 美元	199 美元以下
国家数目（个）	13	7	12
I 没有政府部门			
国民总收入（%）	100	100	100
其中：居民部门收入份额（%）	84.5	87.0	85.9
企业部门收入份额（%）	15.5	13.0	14.1
（居民部门：企业部门）	(5.4516:1)	(6.6923:1)	(6.0922:1)
II 有政府部门，且只收生产税和发放生产补贴			
国民总收入（%）	100	100	100
其中：居民部门收入份额（%）	75.6	80.5	78.4
企业部门收入份额（%）	13.9	12.0	12.9
政府部门收入份额（%）	10.5	7.5	8.7
（居民部门：企业部门）	(5.4388:1)	(6.7083:1)	(6.0775:1)
（居民部门：政府部门）	(7.2000:1)	(10.7333:1)	(9.0115:1)
（企业部门：政府部门）	(1.3238:1)	(1.6000:1)	(1.4828:1)
（居民部门：企业部门 + 政府部门）	(3.0984:1)	(4.1282:1)	(3.6296:1)
III 有政府部门，收生产税、发放生产补贴，收所得税、财产税和社会保障税，不发放转移支付			
国民总收入（%）	100	100	100
其中：居民部门收入份额（%）	64.7	76.8	76.3
企业部门收入份额（%）	11.1	9.4	9.2
政府部门收入份额（%）	24.2	13.8	14.5
（居民部门：企业部门）	(5.8288:1)	(8.1702:1)	(8.2935:1)
（居民部门：政府部门）	(2.6736:1)	(5.5652:1)	(5.2621:1)
（企业部门：政府部门）	(0.4587:1)	(0.6812:1)	(0.6345:1)
（居民部门：企业部门 + 政府部门）	(1.8329:1)	(3.3103:1)	(3.2194:1)
IV 有政府部门，收生产税、发放生产补贴，收所得税、财产税和社会保障税，且发放转移支付			
国民总收入（%）	100	100	100
其中：居民部门收入份额（%）	71.9	78.7	77.3
企业部门收入份额（%）	11.1	9.4	9.2
政府部门收入份额（%）	14.0	11.9	13.5
（居民部门：企业部门）	(6.4775:1)	(8.3723:1)	(8.4022:1)
（居民部门：政府部门）	(5.1357:1)	(6.6134:1)	(5.7259:1)
（企业部门：政府部门）	(0.7929:1)	(0.7899:1)	(0.6815:1)
（居民部门：企业部门 + 政府部门）	(2.5587:1)	(3.6948:1)	(3.4053:1)

数据来源：库兹涅茨：《现代经济增长》，戴睿、易诚译，北京经济学院出版社 1966 年版。

根据表 3 - 4 提供的信息，可知：

第一，在国民收入的初次分配阶段，"生产税"与"生产补贴"的确对国民收入分配格局产生了直接和间接的影响。就直接影响而言，政府部门征收"生产税"、发放"生产补贴"，导致居民部门和企业部门的收入份额下降。以发达国家为例，居民部门的收入份额从84.5%下降到75.6%，企业部门的收入份额从15.5%下降到13.9%。

就间接影响而言，政府部门征收"生产税"、发放"生产补贴"，导致居民部门和企业部门收入份额的相对比率发生了变化。而且，上述变化的方向与经济发展水平存在某种联系：对发达国家和低收入国家而言，居民部门和企业部门收入份额的相对比率降低了，而对中等收入国家而言相对比率却上升了。但是，总的来看居民部门和企业部门收入份额的相对比率变化幅度并不大，也就是说间接影响的程度不深。

第二，在国民收入的再分配阶段，征收所得税、财产税和社会保障税既提高了政府部门的收入份额，也改变了居民部门、企业部门和政府部门收入份额的相对比率。一方面，征收所得税、财产税和社会保障税，导致政府部门收入份额明显上升，尤其是在发达国家，政府部门的收入份额分别上升了13.7个百分点，上升幅度是其在初次分配阶段收入份额的130.48%，也就是说征收所得税、财产税和社会保障税为政府部门带来的收入超过了征收生产税所带来的收入。

另一方面，无论是在发达国家，还是在中等收入国家或低收入国家，由于所得税、财产税和社会保障税存在税负倾向，导致征收所得税、财产税和社会保障税之后，居民部门、企业部门和政府部门的收入份额相对比率出现了不同程度的变化。以发达国家为例，税负主要是由居民部门承担：征收所得税、财产税和社会保障税之后，居民部门收入份额与非居民部门（企业部门加上政府部门）收入份额之比从3.1∶1骤降至1.8∶1。而在中低收入国家，税负主要是由企业部门承担，征收所得税、财产税和社会保障税之后，居民部门收入份额与非居民部门收入份额之比下降幅度要小得多。

第三，在国民收入的再分配阶段，社会保障金和其他转移支付提高了居民部门的收入份额。但是，经济发展水平不同的国家，转移支付的倾向性是不同的。在发达国家，转移支付主要倾向于居民部门，政府部门将征收所得税、财产税和社会保障税取得收入的74.45%（10.2%/13.7%），都转给了居民部门，仅保留了征税所得的小部分（25.55%＝3.5%/

13.7%）用于公共开支。而在中低收入国家，转移支付主要倾向于政府部门，政府部门仅把征税所得的 30.16%（1.9%/6.3%）和 17.24%（1%/5.8%）转给了居民部门，而将征税所得的大部分留给了政府部门自己。

（三）考虑行为主体能动反应背景下财政政策影响的理论模拟

在当前，库兹涅茨的静态模拟同样可以利用资金流量表的数据实现。然而如上文所述，由于未考虑一般均衡或局部均衡效应，这种模拟并未与真实世界复杂的政策影响一致。本节将在考虑一般均衡或局部均衡效应的基础上，考虑企业和居民部门能动反应前提下，从理论上模拟财政政策对收入分配的影响。在政策上，我们侧重考察政府的财政收入政策的影响，将其分为资本所得税、劳动所得税、商品税三类。其中劳动所得税包含了社会保险缴费形式的税收，但本节仅分析其收入层面的影响，而将社会保险缴费与相应的转移性支出的整体分析留待下节。

需要指出，一些与是否就业相关的转移性财政支出政策（如失业救济、最低收入保障政策等），在理论上看就是改变了劳动所得的税率；一些针对企业投资的转移性支出，在理论上看就是降低了资本所得税率；一些针对商品购买的转移性支出，在理论上看就是降低了商品税率。这些情况同样可以在下述框架下进行分析。这即是所谓的"支出归宿"分析是"税收归宿"分析的延伸之含义。

这种一般均衡框架下的分析非常复杂，依赖于较多的前提假设。我们将遵循从易到难的框架，逐步放松假设使其接近现实情况。在基准框架里，我们将社会主体划分为两大部门——X 部门和 Y 部门，每个部门都只生产一类商品，分别是 x 和 y，其市场价格分别为 p_x 和 p_y。X 部门和 Y 部门均使用资本（K）和劳动（L）这两种传统的生产要素开展生产。为了简化分析，假定生产技术是规模报酬不变的，资本和劳动可在企业部门和非企业部门之间自由流动，并且能够实现市场出清（不存在非自愿失业），即市场均衡时劳动力和资本的需求分别等于其总供给 $\bar{L}$ 和 $\bar{K}$。政府将对要素所得（包括资本所得与劳动所得）以及商品征税，名义税率分别为企业所得税税率 τ_K（τ_{KX} 和 τ_{KY}）、个人劳动所得税率 τ_L（τ_{LX} 和 τ_{LY}）、商品税（即上文所提到的生产税，如增值税、营业税等）率 τ_x 和 τ_y。

假定 r 和 w 分别代表名义资本回报率和名义工资率，则出资人（在中国主要是企业部门和政府部门）的总收入就是 $r\bar{K}$ ，劳动者（居民部门）的总收入是 $w\bar{L}$ 。由于资本和劳动的总供给 $\bar{K}$ 和 $\bar{L}$ 保持不变，通过分析某项税收政策对名义资本回报率和名义工资率相对变化（ $w\hat{} - r\hat{}$ ，其中 $w\hat{} = dw/w$ 、$r\hat{} = dr/r$ ，以下变量上方加 $\wedge$ 号均同此意）的影响，就能判断该项政策与收入分配格局之间的理论关系。

1. 两个部门同时开展生产活动的一般情况

第一，分析资本所得税的影响。按照 Mieszkowski（1967）的思想，财政政策的影响包括要素替代效应和产出效应。[①] 提高 X 部门的资本所得税税率，一方面抬高了该部门生产过程中资本的使用成本，无论其是资本密集型还是劳动密集型，都将导致 X 部门对资本的需求出现下降。另一方面 X 部门资本所得税税率的提高，也抬高了该部门所生产商品的市场价格，消费者对该商品的市场需求随之减少，导致 X 部门的总产出相对 Y 部门出现了下降。此时，如果 X 部门相对于 Y 部门是资本密集型的，Y 部门必然是劳动密集型，那么要素市场对资本的需求会随 X 部门总产出的相对下降而萎缩；而如果 X 部门是劳动密集型的，那么要素市场对资本的需求会随 Y 部门总产出的相对上升而增长。前一方面的影响被称为要素替代效应，而后一方面的影响被称为产出效应。

当 X 部门相对于 Y 部门是资本密集型时，要素替代效应和产出效应均导致要素市场对资本的需求下降，此时出资人不得不更多地承担一些税负，以缓解资本需求萎缩对其造成的不利影响，其结果是名义工资率相对于名义资本回报率出现了增长，劳动者收入份额随之提高；而当 X 部门相对于 Y 部门是劳动密集型时，要素替代效应导致资本需求下降，但产出效应却导致资本需求增长，此时资本所得税是更多地由出资人承担，还是更多地由劳动者承担，取决于商品替代弹性与 X 部门要素替代弹性的相对大小。

第二，与资本所得税相似，劳动所得税的税收归宿也取决于生产部门的生产要素相对密集度。并假定政府仅提高 X 部门劳动所得税的税率，其他税种的税率保持不变，如果 X 部门相对于 Y 部门是劳动密集型的，那么劳动者收入份额（ $w\hat{} - r\hat{}$ ）将下降，劳动所得税更多地是由劳动者（居

---

① Mieszkowski, P. M. , 1967, On the Theory of Tax Incidence, Journal of Political Economy, 75 (3), 250 – 262.

民部门）承担。反之，如果 X 部门相对于 Y 部门是资本密集型的，而且商品替代弹性远大于 X 部门的要素替代弹性，劳动者收入份额（ $w\hat{} - r\hat{}$ ）将上升，劳动所得税更多地是由出资人（企业部门和政府部门）承担。劳动所得税对国民收入分配格局的上述影响，其背后的理论机制同样是用上述的要素替代效应和产出效应来解释。

第三，与所得税相似，商品税的税收归宿也取决于生产部门的生产要素相对密集度。假定政府仅提高 X 部门商品税的税率，如果 X 部门相对于 Y 部门是劳动密集型的，那么劳动者收入份额（ $w\hat{} - r\hat{}$ ）将下降，商品税更多的是由劳动者（居民部门）承担。如果 X 部门相对于 Y 部门是资本密集型的，那么劳动者收入份额（ $w\hat{} - r\hat{}$ ）将上升，商品税更多的是由出资人（企业部门和政府部门）承担。与所得税不同的是，商品税对国民收入分配格局的上述影响，是通过产出效应发挥作用的，而不存在要素替代效应。

总体而言，资本所得税、劳动所得税以及商品税领域财政政策的调整，在市场出清的完全竞争市场背景下，其对收入分配格局的影响将主要通过要素替代效应与收入效应两个渠道发挥作用。其具体的影响方向，将依赖于背景条件，尤其是直接作用生产部门的相对要素密度与具体的政策方向。

2. 存在非自愿失业的影响

在劳动市场不能出清的情况下，即存在非自愿失业的情况下，财政政策的影响将不仅取决于资本对政策的一般均衡反应，也将受到劳动者对政策反应的影响。我们将劳动者对财政政策的反应刻画为劳动者努力函数，主要反映劳动者的劳动供给与相对工资之间的关系。在存在非自愿失业背景下财政政策的影响有如下结论：

第一，在存在非自愿失业的情况下，所得税和商品税的税收归宿取决于生产部门的生产要素相对密集度和劳动者努力函数的弹性。

如果 X 部门相对于 Y 部门是资本密集型的，而且劳动者努力函数对相对工资的弹性较小，资本所得税税率的提高将导致劳动和资本相对收入（ $w\hat{} - r\hat{}$ ）上升，也就是说出资人（企业部门和政府部门）更多地承担了资本所得税。反之，如果 X 部门相对于 Y 部门是劳动密集型的，就算劳动者努力函数对工资利润比的弹性较小而对失业率的弹性较大，资本所得税税率的提高对劳动和资本相对收入（ $w\hat{} - r\hat{}$ ）的影响也是不确定的。劳动所得税和商品税的税收归宿也是取决于生产部门的生产要素相对密集度和劳动者努力函数的弹性。由于其影响机制与资本所得税相似，这里不再赘述。

第二，在存在非自愿失业的情况下，税收政策对劳动和资本相对收入的影响，总是与其对失业率的影响呈相反方向。也就是说，如果某项税收政策导致失业率上升，则其必然引起劳动和资本相对收入的下降（$w^\wedge -r^\wedge <0$）；反之则反是。其背后的原因是：如果某项税收政策引起非自愿失业率上升（下降），意味着劳动需求下降了（上升了），进而导致劳动和资本相对收入的下降（上升）。

结合上述两方面的影响，可知如果某项税收政策导致劳动和资本相对收入的上升（$w^\wedge -r^\wedge >0$）（这意味着失业率出现了下降），那么该政策将促进劳动者收入份额的提高；如果某项税收政策导致劳动和资本相对收入的下降（$w^\wedge -r^\wedge <0$）（这意味着失业率出现了上升），那么该政策将抑制劳动者收入份额的提高。

综上，考虑存在非自愿失业导致市场未出清的情况，税收制度仍是通过要素替代效应和产出效应这两种效应对国民收入分配格局产生影响。但是，此时除了生产部门的生产要素的相对密集度之外，劳动者努力函数对相对工资的弹性及其对失业率的弹性也将成为核心因素，左右税收政策对国民收入分配格局的影响机制。

3. 垄断的影响

现实环境中，生产者往往不是完全竞争的，垄断或不完全竞争是常态。此时，对于商品税的分析将会有所不同。

第一，在寡头竞争的市场环境下，生产者不仅可将商品税的全部税负转嫁给消费者，而且还可实现"超额转嫁"，即让消费者承担超过100%的商品税税负。"超额转嫁"是不完全竞争所特有的现象，而在完全竞争的市场环境里是不会出现的（Fullerton and Metcalf，2002），其背后的原因是：垄断企业并不是价格的接受者，它具有商品的定价权，可通过超比例地提高商品出厂价，转移税负并获取超额利润。[1] 一旦出现了"超额转嫁"现象，生产者（主要是企业部门）不仅可以将税收负担全额转嫁给消费者（主要是居民部门），还可借此机会超比例地抬高价格，从中获得一笔额外

---

① Fullerton, D., and G. E. Metcalf, 2002, Tax Incidence, NBER Working Paper 8829.

收益，此时征收商品税将抑制居民部门收入份额的提高。

第二，在寡头竞争的市场环境下，从量商品税（消费税）要比从价商品税（增值税或营业税）更易引发"超额转嫁"，具体分析详见 Delipalla和 Keen（1992）。因此，相比于从价商品税（增值税或营业税），在垄断情况下政府征收从量商品税（部分消费税）更易抑制居民部门收入份额的提高。其背后的原因是：征收从量商品税所产生的扭曲（无谓损失），要大于征收从价商品税所产生的扭曲。

如果放松不允许市场自由进入的假定，税收政策除了引发"超额转嫁"之外，还会通过影响市场均衡时企业的最优数量（市场均衡时的N），间接地影响国民收入分配格局。

第三，除寡头垄断之外，现实中大量存在的还有垄断竞争的情况，此时上述各类财政政策的基本影响机制较为类似，只不过在程度上较弱，此处不再赘述。

4. 政策的长期影响

以上分析的结论主要关注各类财政政策的短期影响，未考虑财政政策对居民储蓄和企业投资的长期影响。一旦考虑到长期内政策对储蓄和投资的影响，则问题更为复杂。我们仅以未考虑社会主体对政策有预见的 So-low 增长模型为框架，以假设政府征收资本所得税为例加以简要分析。

在 Solow 增长模型的框架之下，经济增长实现稳态均衡时的名义资本回报率与单位劳动占有资本呈反向变化关系，而名义工资率与单位劳动占有资本呈正向变化关系，所以当征收资本所得税有助于提高全社会储蓄率时，提高资本所得税的税率将导致名义资本回报率的下降和名义工资率的上升，从而有利于劳动者收入份额的提高；而当征收资本所得税有助于降低全社会储蓄率时，提高资本所得税的税率将导致名义资本回报率的上升和名义工资率的下降，从而抑制了劳动者收入份额的提高。因此，在动态环境下，资本所得税对储蓄率的具体影响将决定税收更多的是由作为出资人的企业部门和政府部门承担，还是由作为劳动者的居民部门承担，进而决定资本所得税对国民收入分配格局的影响。

如果假设政府把征收上来的资本所得税全部用于对居民的转移支付，这一政策是否会增加居民的可支配收入呢？答案是不一定。例如，如果稳态均衡时企业部门的较大一部分资本所得转移给居民后用于储蓄，资本的边际产出率较高并且人口自然增长率和资本折旧率较低时，政府增加用于收入再分配的转移支付，将导致劳动者（居民部门）总收入下降。其背后的原因是：政府加大用于收入再分配的转移支付力度，一方面直接增加了劳动者的收入，另一方面却间接地减少了劳动者的收入（引发单位劳动占有资本的下降，从而导致产出下降），而且间接影响要占优于直接影响，因此劳动者（居民部门）总收入不升反降。由于政府增加用于收入再分配的转移支付，一定会引起生产部门总收入的减少，因此增加转移支付是促进还是抑制劳动者收入份额的提高，要看劳动者总收入减少幅度与出资人总收入减少幅度的相对大小。当然，在其他假设下这一政策将可能提高居民部门的收入份额。

因此，用于收入再分配的转移支付到底是促进还是抑制居民部门收入份额的提高，取决于企业部门和政府部门的储蓄比率、资本的边际产出率以及人口自然增长率和资本折旧率等因素，尤其是当居民部门和政府部门的储蓄比率较高时，增加用于收入再分配的转移支付，很可能反而抑制居民部门收入份额的提高。对应中国的现实情况，当前广泛讨论的将国有企业利润上划用于养老保险支出，就类似于这一理论分析。在如上所说的极端假设下，这一政策也可能不利于提高居民部门的收入份额。

四　小结

本章主要基于国际经验和学术文献的总结，分析国民收入分配的演变规律；并基于库兹涅茨（1966）提供的案例，从理论上考察各类财税政策手段，在不同情境下对国民收入分配格局的可能影响。结论可概括如下：

——调整国民收入分配格局对扩大内需具有至关重要的作用。一方面能够促进我国经济发展方式的改变，使我国经济由一直以来的投资拉动转变为消费拉动。另一方面居民收入分配差距也直接影响居民消费，我国居民收入差距逐渐扩大，与国民收入初次分配中劳动份额下降，再分配环节财政收支未能有效缓解有关。

——在要素分配环节，最初以卡尔多"特征事实"为代表的观点认为要素分配份额是稳定的，但30余年的现实却发现各国劳动收入份额出现普遍的下降趋势。对这一现象影响因素的分析，结论较为含糊。较为取得共识的观点是，全球化的发展以及倾向于资本的技术进步是出现这一现象的重要影响因素。究其根本，劳动力的供求形势，劳动者的市场地位是关键因素。

——在再分配环节，政府规模的快速扩张是近一个世纪以来发达国家的典型事实。在其背后主要是民生福利性支出的大大增加。由此对国民收入分配格局来说，政府规模的扩张并非意味着居民部门可支配收入比重的下降，两者可以相辅相成。

——财税制度对收入分配的影响应该考虑到市场的情况和行为主体的反应。在静态下，政府以生产税和生产补贴的形式参与分配，带来三个部门收入份额相对比率的改变。若考虑主体行为，资本所得税、劳动所得税和商品税通过要素替代效应和收入效应起作用，其影响方向取决于生产部门的相对要素密度和具体政策方向等因素。如果市场是非出清，则还需要考虑劳动者努力函数对相对工资的弹性及其对失业率的弹性。如果市场是垄断的，则存在"超额转嫁"现象，财税制度通过影响市场均衡时企业的最优数量影响国民收入分配格局。最后，若要考虑到政策的长期影响，企业部门和政府部门的储蓄比例、资本的边际产出率以及人口自然增长率和资本折旧率都是不可忽视的因素。

第 四 章

中国的宏观税负与国民收入分配[①]

当前关于内需不足的讨论纷纷指出其根源是国民收入分配失衡，居民收入比重过低。而对于国民收入分配失衡的原因，很多学者认为是"国富民穷"，即宏观税负过高导致居民收入比重下降。正是因为如此，中国的财政收入规模，或者说宏观税负，在近年来已经成为社会关注的焦点问题。一方面，舆论普遍认为"国富民穷"，即国民收入分配中财政收入过高，由此提出需要大力减税；另一方面，以地方政府为代表，各级财政似乎总在"差钱"，教育、医疗、养老等民生性支出尚欠账颇多，如要进一步增加投入甚至还需增加政府财力。因此，关于当前财政收入规模是否适度的讨论，关系到对中国政府干预收入分配格局的基本认识，也涉及财税体制改革的走向。

讨论中国财政收入规模是否适度，应当以核算财政收入规模以及其结构为基础。然而，由于我国的财政统计与国际标准不一致，这一非常基础，且看似简单的问题，却常常陷于口径之争，缺乏明确的答案。官方公布的财政收入规模，一般被认为并未包含所有的财政收入。一些机构和学者（林赟等，2009；国家税务总局计划统计司，2007；吕冰洋，2008）试图对中国的整体财政收入规模进行估算，但各种估算的定义、方法、数据来源不一，其估算的结果并不统一，结论的严谨程度也存在疑问。

本章基于国际货币基金组织《政府财政统计手册》所界定的口径，初步核算了1998—2013年我国国际可比的财政收入规模，或者称之为全口径财政收入规模。在此基础上，再讨论所谓国富民穷问题以及宏观税负对国民收入分配格局的影响，进而对未来中国全口径财政收入规模的演变趋势作一展望。

[①]　本章原稿部分内容发表于《经济学动态》2011年第2期。

一 1998 年以来中国宏观税负的演变

1. 核算宏观税负的国际可比口径

了解中国财政收入规模的现状，存在一个突出困难，即中国的财政统计口径并未遵循 IMF 制定的国际标准。长期以来，由于中国政府的财政行为较为复杂，财政统计口径以及公布的数据都与国际标准相差甚远，较为详细的数据往往仅限于一般预算收支。2007 年开始修订实施《政府收支分类科目》并按照 IMF（2001）的标准对政府收支的范围以及分类进行了界定，但公布的财政统计资料依然主要限于一般预算收支，而没有公布全口径的财政收支及其细节。

本章的主要目的是结合多方面的统计资料，对中国的财政收支进行全口径的考察。结合中国的政府收支分类标准以及 IMF（2001）的《政府财政统计手册》，将中国的财政收支界定为五大类：一般预算收支、政府性基金收支、预算外收支、土地有偿使用收入收支、[①] 社保基金收支。也就是说，来自这些方面的收入均是全口径的政府财政收入。社会上普遍关注的国企利润，按照 IMF（2001）的界定，是公共部门而非一般政府部门的资金来源。为此，未分红到政府账户的国企利润本章也未将其视为财政收入。当然，中国逐年高企的国企利润，有很大一块是资源租金，这部分从原理上来说应当归为财政收入，但由于资源税制的不合理，它在中国目前未纳入财政收入之中。总体上看，本章所核算的全口径财政收入已经基本符合 IMF（2001）所界定的标准。

2. 1998—2013 年的中国全口径财政收入规模

表 4 - 1 给出了 1998—2013 年中国一般预算收入、政府性基金收入、预算外收入、土地有偿使用收入、社保缴费收入五大财政收入来源的数据，并加总计算出全口径财政收入。各种数据的资料来源见附注。需要注意的是，从全口径核算的角度看，各种资料公布出的各类财政资金来源有重复核算部分。例如，社保基金的收入中包含了来自一般预算收入的补

---

① 本章按照现行土地有偿使用收入的预算管理方式，将其全部视为财政收入。而现有土地有偿使用收入还包括了征地补偿以及土地开发的成本性支出，这部分资金是否应视为财政资金，是值得讨论的问题。

贴；土地有偿使用收入按现有规定应全额纳入政府性基金预算管理，在2007年之前也有相当部分在政府性基金之中。本章将这些重复计算部分都进行了相应的细致处理，如政府性基金收入中不包括土地有偿使用收入以及部分社保基金，此处不再详述。[①] 公布的各类财政资金，也有遗漏的部分，如企业亏损补贴，中国长期将其作为收入的扣减项。而按照IMF的标准，这部分不应当被视为政府收入的扣减项，而是财政支出的构成部分。

最终结果显示，中国全口径财政收入已从1998年的17254.28亿元，上升到2011年的165779.56亿元。其占当年GDP的比重，也从1998年的20.4%上升到2011年的35.2%，上升了15个百分点。从表中数据看，全口径财政收入占GDP的比重在2000年至2003年，以及2005年至2007年，2009年至2010年上涨幅度较大，2007年达到32.6%，2008年实际上有所下滑，而2010年上升到顶峰为35.6%，其后又不断下滑，到2013年仅为32.8%。这种变化主要受土地有偿使用收入波动的影响。

表4-1　　　　　　　**中国全口径财政收入（1998—2013年）**　　　（单位：亿元，%）

年份	全口径财政收入	宏观税负（占GDP比重）	一般预算收入合计	全国政府性基金净收入（扣除土地出让收入）	预算外合计	土地出让收入	社保基金缴费收入
1998	17254.28	20.4	10209.44	1854.00	3082.29	507.00	1623.10
1999	19795.06	22.1	11734.11	2111.94	3385.17	521.70	2211.80
2000	22686.06	22.9	13674.01	2214.20	3826.42	625.58	2644.50
2001	26927.94	24.6	16686.08	1865.05	4300.00	1317.88	3101.90
2002	31523.76	26.2	19163.24	1895.85	4479.00	2454.26	4048.70
2003	38421.26	28.3	21941.63	2138.62	4566.80	5421.31	4882.90
2004	45404.03	28.4	26614.40	2511.98	4699.18	6412.17	5780.30
2005	52530.95	28.7	31842.55	2936.23	5544.16	5883.81	6975.20
2006	64193.52	30.3	38940.42	3496.13	6407.88	7676.89	8643.20
2007	83788.345	32.6	51599.32	3681.41	6820.32	12150.00	10812.30

[①]　本章以下表格以及全文表述中，政府性基金收入均未包含土地有偿使用收入，这与现行管理规定有所差异。

续表

年份	全口径财政收入	宏观税负（占 GDP 比重）	一般预算收入合计	全国政府性基金净收入（扣除土地出让收入）	预算外合计	土地出让收入	社保基金缴费收入
2008	96964.602	32.2	61566.90	5261.35	7502.35	10375.00	13696.00
2009	107738.60	32.1	68518.30	4371.65	6414.65	13964.00	14470.00
2010	142751.95	35.6	83101.51	7675.08	5794.42	29109.94	17071.00
2011	165779.56	35.5	103874.4	10222.71	0.00	31140.42	20542.00
2012	177242.42	34.2	117253.5	9016.90	0.00	28518.00	22454.00
2013	185722.26	32.8	129142.9	10989.09	0.00	41249.52	25638.00

数据来源：作者根据《中国财政统计年鉴》《地方财政统计资料》、财政部预算司公布的历年财政收支数据所得。

3. 各类财政收入来源比重

根据表 4 - 1 的详细核算数据，计算全口径财政收入中各种收入来源的比重也反映了很多重要的信息。表 4 - 2 显示，1998—2011 年，土地有偿使用收入占全口径财政收入的比重上升最快，大约上涨 16 个百分点。但土地有偿使用收入的比重波动也较大，2003 年、2004 年达到 14%，2005 年、2006 年有所下跌，2007 年达到高峰 15%，但 2008 年又跌回到11%，2010 年达到最高峰 20%，其后再度下滑，到 2013 年仅为 11%。社保缴费收入以及一般预算收入的比重到 2009 年大约上涨了 4 个百分点，且变化相对较为平稳，但 2010 年和 2011 年又有所下降。2012 年、2013年则重新回升，到 2013 年社保缴费收入比重创新高达 14%，一般公共预算收入比重则达到 70%。而预算外和政府性基金收入的比重则有相对稳定且较大幅度的下降，1998 年至 2013 年下降了 23 个百分点。这其中很重要的原因是大量预算外收入和政府性基金收入不断被纳入一般公共预算管理。

如果将全口径财政收入分为税收收入和非税收入两类，则可看到税收收入的比重在 15 年间相对稳定，在 55% 左右，但 2010 年之后波动较大，到 2013 年达到 60%。如果将全口径财政收入分为中央和地方收入，也可看到中央收入的比重在这 15 年间相对稳定在 37% 左右，但最近两年比重大幅下降，2013 年又重新回升到 35%。如果单核算一般预算收入中

中央收入的比重，则其呈一定的上涨趋势，从 1998 年的 48% 上涨到 2009
年的 52%，但 2010 年到 2013 年又有所下滑。这些数据表明，与中国税收
收入高速增长相同步，其他财政收入来源也在高速增长，其中较为突出的
是土地有偿使用收入和社保缴费收入，共同导致中国全口径财政收入占
GDP 比重不断攀高。在中央和地方的财力分成方面，中央和地方的财政收
入都有较快增长，但中央主要靠税收收入的增长，而地方则主要靠以土地
收入为主体的非税收入的增长，两者的共同作用导致中央和地方收入的相
对比重较为稳定。

表 4 - 2　　　**全口径财政收入中各种来源比重（1998—2013 年）**　　　（单位：%）

年份	一般预算收入	其中：税收收入	预算外和政府性基金	土地有偿使用收入	社保缴费收入	中央收入	一般预算收入中中央比重
1998	59	0.54	0.29	0.03	0.09	0.36	48
1999	59	0.54	0.28	0.03	0.10	0.38	50
2000	60	0.55	0.27	0.03	0.10	0.38	51
2001	62	0.57	0.23	0.05	0.10	0.37	51
2002	61	0.56	0.20	0.08	0.11	0.38	54
2003	57	0.52	0.17	0.14	0.11	0.35	54
2004	59	0.53	0.16	0.14	0.11	0.35	54
2005	61	0.55	0.16	0.11	0.12	0.35	52
2006	61	0.54	0.15	0.12	0.12	0.35	53
2007	62	0.54	0.13	0.15	0.11	0.35	54
2008	64	0.56	0.13	0.11	0.13	0.37	53
2009	64	0.55	0.10	0.13	0.13	0.36	52
2010	58	0.51	0.09	0.20	0.12	0.32	51
2011	63	0.54	0.06	0.19	0.12	0.33	49
2012	66	0.57	0.05	0.16	0.13	0.34	48
2013	70	0.60	0.06	0.11	0.14	0.35	47

注：根据表 4 - 1 的基础核算数据计算所得。

二　关于当前宏观税负是否适度的讨论

1. 宏观税负高低与"国富民穷"

按照上文的核算，2011 年中国全口径财政收入规模占 GDP 的比重已达到 35.2%，已经接近美、日等发达国家。如与发达国家在同等发展水平的历史阶段相比，我国的全口径财政收入规模已明显高出。然而，这是否意味着当前我国的财政收入规模已经过高，因此需要大幅压缩呢？结合现实国情与当前财政所面临的任务，这一观点尚难以成立。

结合国民收入分配的分析框架，如果我们关注的重心是居民部门的最终可支配收入，则政府规模扩大的影响较为复杂，其作用方向与一国财政支出结构以及现实国情密切相关。如果像发达国家历史上那样，一国政府规模的扩大，主要是因为养老、医疗等社会事业的发展，则由于这些支出是转移性支出，将转化为居民部门的可支配收入，因此政府规模的扩大并不意味着居民部门的可支配收入比重降低。这一点在欧洲福利国家体现得较为明显。如图 4-1 所示，以 1999—2008 年欧元区国家的数据来看，其财政收入占 GDP 的比重超过 50%，但其居民收入比重也超过了 70%。从变动趋势来看，10 年间两者共同出现略有下降的趋势，而未体现出相反的变化方向。

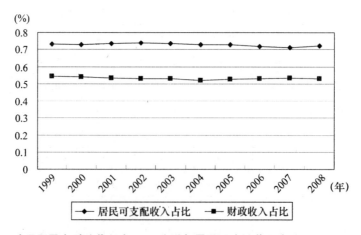

图 4-1　欧元区国家财政收入占 GDP 比重与居民可支配收入占比（1999—2008 年）

数据来源：OECD（2009）。

　　总结再分配方面的国际经验来看，随着经济发展水平的提升，发达国家政府规模均有较大水平的提升，反映政府干预国民收入分配的力度大大增强。然而由于政府的干预主要体现在转移性支出的增加，政府规模的扩大并不意味着居民可支配收入比重的降低。

　　2. 评价财政收入规模是否适度不能脱离财政支出的视角

　　一方面，财政收入是全体居民承担的税负，是居民收入的扣减。另一方面，财政收入是政府承担各项职能的基础，是居民享受各项公共利益的必备条件。因此，评价财政收入规模是否恰当，不能单纯从居民负担的角度出发而脱离政府职能的视角。以国际比较来说明财政收入规模是否适度，不能忽视不同阶段、不同国情下各国政府应承担职能的差异。

　　一些人认为，当前我国国民收入分配格局中，居民收入比重较低，因此需要压缩财政收入规模以提高居民收入。然而我们也不应忘记，由于转移支付是财政的重要功能，提高财政收入比重与提高居民收入比重并非一定存在冲突。以发达国家为例，其财政收入占 GDP 比重大多已超过 40%，但通过财政对居民部门的直接转移支付，最终其居民收入比重也较高。即使是政府消费部分，如以居民的福利水平来评价，它与私人消费一样是基本的效用来源。更何况，当前我国居民收入内部不均现象同样很严重，正是需要以财政的力量，在再分配领域加以缓解。在居民收入分配严重不均的背景下压缩财政收入规模，其可能的后果是恶化收入分配，也不一定有利于提高居民收入比重。

　　说到底，财政收入规模究竟多大合适，难有绝对的标准，需要结合现实国情从支出合理性的角度来观察，即财政支出对应的政府职能是否切合现实国情的需要。基于 2008 年全口径财政支出数据（未包含地方融资平台债务资金）进行的估算来看，我国教育、医疗、养老等民生福利性支出的比重近 35%，交通运输、城乡基础设施、农业等产业方面的城乡建设与经济事务支出的比重近 40%。发达国家的情况则是：民生福利性支出的比重一般超过 60%，高者超过 70%，而城乡建设与经济事务方面的支出比重一般在 10% 左右。两相比较可以发现，我国的特点是城乡建设与经济事务方面的支出比重高，而民生性支出比重低。也就是说，我国财政向直接居民部门的转移支付比重较低。

　　这样的支出结构很不合理吗？考虑到我国经济发展阶段的特点，难以断言。改革开放之后我国可谓赶超式的经济发展，快速的经济增长、人民生活的改善，对于基础设施的需求非常巨大。因此，大力乃至适度超前发展基础设施应是政府的重要职能，这需要大量财政投入。反观多数发达国家，其基础设施的改善在更为漫长的 19 世纪、20 世纪初期已逐步得以解决，其福利性支出的大幅攀升是在二战之后。到今天，发达国家即使希望加大基础设施建设方面的力度，空间也不大。这与我国依然强劲的基础设施需求有很大不同。这说明，以今天我国的情况，与发达国家的历史以及当前状况相比较，都有其不合理性。

当前我国政府需履行的政府职能，或者说财政支出的重点方向，是基础设施建设支出与民生福利性支出双碰头的基本格局。这是我国与老牌发达国家历史道路完全不同的现实国情，即基础设施建设依然是重点的支出领域；民生性支出虽起点较低，但已开始快速增加。从未来发展趋势看，民生福利性支出的比重必将不断提升，而基础设施建设支出的需求也不会快速下降。这样的现实国情，就决定了需要维持不低于当前水平的财政收入规模。

3. 地方政府的财政现状说明我国整体财力仍然不足

理解中国当前财政支出的基本格局，就可以理解当前"国富民穷"与地方政府"差钱说"这种同时存在但相互矛盾的现象。最近几年土地财政的兴起、地方融资平台的快速膨胀，很多人都认为主要原因是受分税制的影响，中央政府获取了太多的财力，地方政府财力不足。然而以上文的核算来看，中央政府仅占全口径财政收入的 35% 左右，这一比重已远低于大多数国家。更何况，中央政府集中的财力，超过一半以各种转移支付的形式拨给地方以平衡地方财力差异，最终还是大量用于地方。地方政府占有绝大多数财力，为什么还如此差钱呢？笔者认为其实质是对应于当前的民生支出、基础建设支出的需要，整体的政府财力不足，而非仅仅地方政府的财力不足。

三　基于宏观税负新核算结果的国民收入分配格局

1. 基于资金流量表核算的中国国民收入分配格局

在改革开放之初，政策部门与学术界也曾对于收入分配问题展开一场大讨论。在政策导向上，主流的观点认为应"初次分配关注效率、再分配侧重公平"。这一观点也被官方接受，但有一些学者持反对意见。在经济现象方面，当时的主要问题是企业可支配收入比重下降。一些学者基于对宏观上及各行业工资的制定方式进行的分析，发现生产成本中工资含量上升，导致经济效益难以提高，于是得出了"工资侵蚀利润"的结论。而唐宗焜（1995）利用微观数据进行统计分析发现，资本所得的减少并非由于工资侵蚀了利润，而是由于利息份额的上升。他同时指出，在国有企业借入资金依赖国家银行的情况下，利息份额的上升就是国家在初次分配中份额的加大。

在三十余年的高速发展之后，社会各界关注的突出问题已转变为居民部门收入比重过低。如图 4 - 2 所示，自 1992 年以来，在国民收入初次支配中，居民部门的收入比重逐年下降，已经从当初的 66% 下降到 2007 年的 58%。其中，居民收入的主体，劳动者报酬从 1992 年的 55%，下降到 2007 年的 48%。与之对应，企业部门以及政府部门的可支配收入，在整体上均有所上升。其中，企业部门的可支配收入占比波动较大，从 1992 年的 11% 左右上涨到 2007 年的 18%；政府部门的可支配收入比重从 1992 年的 20% 上涨到 2007 年的 24%。

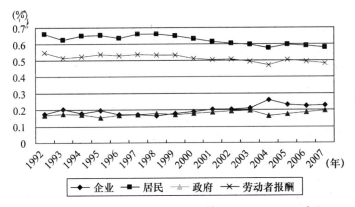

图 4 - 2　国民收入分配格局变化情况（1992—2007 年）

数据来源：作者根据 CEIC 提供的 1992—2007 年中国资金流量表计算。

对于这种结构变化的原因，学术界同样主要依赖资金流量表进行结构分析。李扬等（2007）对 1992—2003 年我国居民、政府、企业三个部门的收入分配状况进行比较，发现居民可支配收入在国民收入初次分配中的份额持续下降，主要是由劳动报酬和财产收入比重的双下降所致。其中，居民劳动报酬的相对减少，主要是由于企业部门支付的劳动报酬相对下降；并且居民财产收入的下降和从企业获得的劳动报酬的相对减少，表明居民收入中的一个不可忽略的部分被转移为企业部门的利润和政府的收入。白重恩等（2008）利用微观数据进行的研究认为，工业部门要素分配份额变化的主要原因，是产品市场垄断增加和国有部门改制引起劳动力市场环境改变。白重恩等（2009）对1993—2004年劳动收入份额下降的分解表明（见表4－3），约有50%的因素应归之于2003—2004年统计方法的改变，而在剩下的50%之中，产业结构转型起到了很大的作用。

表4－3 劳动收入份额下降的原因分解 （单位:%）

	百分点		贡献率，N2		
1995—2004年劳动收入份额降幅	-10.73	100			
1995—2003年劳动收入份额降幅	-5.48	51.1	100		
（1）结构转型带来的影响	-3.36		61.31		
（2）产业部门劳动收入份额变化的影响	-2.12		38.69	100	
（2.1）工业部门的影响	-1.65			77.83	100
国有企业改制	-1.00				60
垄断程度增强	-0.49				30
其他因素	-0.16				10
（2.2）农业、建筑业和第三产业的影响	-0.47			22.17	
2003—2004年劳动收入份额降幅	-5.25	48.9	100		
（1）统计方法改变的影响	-6.29		120	100	
（1.1）个体业主收入改计为营业盈余的影响	-7.09			113	
（1.2）国有和集体农场不计营业盈余的影响	0.81			-12.9	
（2）结构转型带来的影响	0.28		-5.33		
（3）产业部门劳动收入份额变化带来的影响	0.77		-14.7	100	
（3.1）农业部门	0.11			14.29	
（3.2）工业部门	-0.81			-105	
（3.3）建筑业部门	-0.32			-41.6	
（3.4）第三产业	1.79			232	

数据来源：白重恩、钱震杰（2009）。

从理论上看，初次分配中居民部门份额不断降低的局面，还可以通过再分配过程得以调整。在再分配过程中，政府部门将从企业和居民部门手中获得所得税以及社保缴费，同时通过转移支出，将政府收入转移给居民部门。表4－4显示的是各个部门收入在再分配过程中的变化，相对于其初次可支配收入的比重。从表中可见，在2000年之前，再分配过程使得居民部门的收入增长均在3个百分点以上，而在此之后，居民部门通过再分配过程所获得的收入增加比重逐年大幅降低，到2007年仅为0.45个百分点。与之对应的，企业部门经过再分配过程所减少的收入比重下降，政府部门增加的收入比重上升。这说明在2000年之后，通过再分配过程增加居民收入的作用反而下降了，再分配过程更有利于企业和政府。

表4－4　　　　　　　再分配过程对各个部门可支配收入的影响　　　　（单位：%）

年份	企业	居民	政府
1992	-32.49	3.70	20.77
1993	-21.58	3.41	13.86
1994	-18.08	3.03	8.64
1995	-16.78	3.25	8.93
1996	-18.80	7.83	7.80
1997	-22.04	4.47	7.72
1998	-16.58	4.00	2.65
1999	-17.06	3.79	6.05
2000	-11.96	1.81	9.35
2001	-12.77	1.79	11.52
2002	-10.60	1.67	10.69
2003	-12.11	1.25	14.81
2004	-9.40	1.46	17.07
2005	-11.64	0.83	18.90
2006	-16.37	0.59	23.74
2007	-17.45	0.45	24.68

数据来源：作者根据 CEIC 提供的 1992—2007 年中国资金流量表计算所得。

　　这一问题也可以通过对财政数据的分析得以说明。按照白重恩等（2010）的估算，如果将中国情况与若干 OECD 成员国进行比较，在财政支出结构方面较为突出的差异在于中国的经济建设事务（包括农林水、交通、城乡建设、工商金融等项目）支出比重异常高，远超除韩国之外的其他 OECD 诸国。在仅考虑一般预算支出的情况下，我国的经济建设事务支出占一般预算支出的比重超过23%，而在 OECD 诸成员国（韩国除外）中，均在10%左右。即使是与中国类似从计划经济向市场经济转型的匈牙利、捷克、波兰三国，这一比重也仅为11%。如将大量政府性基金（包含土地出让金）、预算外支出、社会保障收支数据计算考虑在内，我国的经济建设支出（经济事务和城乡社区事务）比重大约在40%，与其他国家的差距更为明显。财政数据的分析表明，中国财政支出中经济建设色彩浓重，而以提升居民收入为导向的转移支付性支出则略显薄弱。这应是我国居民收入比重近年来一直下降的原因之一。

　　这些分析表明，即使考虑到统计方法改变的影响之后，初次分配中劳动报酬以及其他类居民收入份额的不断下降，再分配调节过程中增加居民收入份额的功能不断弱化，仍是居民最终可支配收入份额不断下降的基本原因。在这种国民收入分配格局之下，居民可支配收入份额下降直接导致居民消费占 GDP 份额下降；企业和政府可支配收入份额的上升，带动企业部门储蓄和政府部门储蓄率不断上升。国民储蓄率不断攀高，奠定了中国高储蓄、高投资、高度依赖出口拉动的经济发展模式。

　　2. 基于资金流量表核算结果存在的若干问题

　　在 2010 年之前，基于资金流量表分析的结论，是关于中国国民收入分配格局的主流认识。然而需要注意到，资金流量的编制是基于常规或普查统计数据，且国家统计局在资金流量核算时，采取了如基于基础数据的原则，即缺乏基础数据则不进行核算。由此在基础数据暂时不可得，或者基础数据存在较大误差时，资金流量表数据所显示的国民收入分配格局就可能存在一定的误差。近期，随着关于政府全口径财政收入以及居民灰色收入研究的进展，有必要对资金流量表核算结果存在的问题略作探讨。[①]

---

　　① 事实上，由于经济普查后对收入税和生产税的界定发生了变化，国家统计局为统一口径，对以前年份数据进行调整时发生了一些操作上的错误，也导致资金流量表上的数据存在若干错误。由于影响较小，本章略过。

（1）政府财政收入核算不全的影响。资金流量表核算政府可支配收入时，对于政府收入采用了"预算内收入＋财政预算外收入＋社会保障基金收入＋中央政府基金收入"的定义，在表中分拆到生产税、收入税、社会保障缴款三项（国家统计局国民经济核算司，2007）。然而如汪德华（2010）所指出的，基于 IMF 等国际组织提供的国际标准与中国实际，我国的政府收入应当包括一般预算收入、政府性基金收入、预算外收入、土地有偿使用收入、社保缴费收入五大项。① 简单对照，对于政府收入，资金流量表的核算遗漏了土地有偿使用收入与地方政府基金收入两项。

表 4－5 将汪德华（2010）对全口径财政收入核算的结果，与资金流量表计算的政府收入进行了对照。从表中可见，中国全口径财政收入从 1998 年的 17254 亿元，到 2007 年已达 83788 亿元。而按照资金流量表的核算，其财政收入数据各年均低于全口径财政收入，差距逐年扩大，到 2007 年已超过 15000 亿元。由于在可支配收入核算过程中，关于财政支出的部分并没有遗漏，因此这些遗漏部分应全部加到政府部门的可支配收入之中。以土地有偿使用收入的主体，住宅类土地有偿使用收入为例，这部分资金的实际流转是居民部门通过购房支付到房地产开发企业，房地产开发企业通过购买土地支付给政府部门。在资金流量表的核算中，这部分资金以城镇居民购买住宅支出的形式，包含在居民部门的资本形成总额里（国家统计局国民经济核算司，2007）。从财政角度看，土地有偿使用收入类似于发达国家的物业税（或称房产税），是财政税的一种。因此，在将政府部门可支配收入加上这部分资金的同时，应在居民部门支付的直接税中加上这部分资金。地方政府性基金，其收入来源是企业部门支付的生产税，其支出又主要用到企业部门中。因此，对应的调整应在生产税这一环节减去企业部门的可支配收入，又通过资本转移这一环节成为企业进行固定资本形成的资金来源之一。由此可见，资金流量表对政府部门的核算是减少了其可支配收入，相应增加了居民和企业部门的可支配收入。

---

① 按现行规定，土地有偿使用收入应包含在政府性基金中。本章以下表格以及全书表述中，政府性基金收入均未包含土地有偿使用收入，这与现行管理规定有所差异。

表4-5　　　　两种概念核算的财政收入的对照（1998—2007）　（单位：10亿元）

年份	一般预算收入①	政府性基金收入	预算外收入	土地有偿使用收入	社保缴费收入	全口径财政收入	资金流量表核算财政收入	两者之差
1998	1020.9	185.4	308.2	50.7	160.2	1725.4	1660.6	64.8
1999	1173.4	211.2	338.5	52.2	204.2	1979.5	1807.6	171.9
2000	1367.4	221.4	382.6	62.6	234.6	2268.6	2077.8	190.8
2001	1668.6	186.5	430	131.8	275.9	2692.8	2468.8	224
2002	1916.3	189.6	447.9	245.8	353.1	3152.4	2810.6	341.8
2003	2194.2	213.9	456.7	542.1	435.3	3842.1	3241.6	600.5
2004	2661.4	251.2	469.9	641.6	516.6	4540.4	3452.5	1087.9
2005	3184.3	293.6	554.4	588.4	632.4	5253.1	4318.8	934.3
2006	3894	349.6	640.8	767.7	767.2	6419.4	5381.1	1038.3
2007	5159.9	368.1	682	1215	953.7	8378.8	6838.9	1539.9

注：资金流量表核算财政收入由"生产税＋收入税＋社会保障缴款"所得，数据来自CEIC提供的1998—2007年中国资金流量表。全口径财政收入及其各个细项来自于汪德华（2010）。

（2）居民部门灰色收入的影响。王小鲁（2010）近期的研究指出，我国居民收入的核算也存在较大的遗漏。按照他的估计，资金流量表核算的居民部门收入在2008年应为17.9万亿元，而他采用社会学调查方法进行推算的居民部门收入大约23.2万亿元。两者相比较，居民部门2008年大约存在5.4万亿元的灰色收入，2005年大约存在2.6万亿元的灰色收入。在考虑这部分收入的基础上，王小鲁（2010）指出基于资金流量表核算的国民收入分配格局应当进行调整。假定60%的灰色收入是统计中遗漏的国民总收入，则调整的结果是，居民部门可支配收入占比在2005年由调整前的60.1%调高到68.6%，2008年由调整前的56.5%调高到66.7%。

3. 综合判断

由于基础数据的不完善，基于统计部门提供的资金流量表核算的国民收入分配格局并不能准确反映当前现状，其突出表现体现在政府财政收入核算不全与遗漏居民部门灰色收入部分两大问题。为真实反映中国国民收

---

① 此处将"企业亏损补贴"加回一般预算收入之中。因此，此表中的"一般预算收入"要高于《中国财政年鉴》中的公布数。

入分配的现状，应当进行相应的调整，结果见表4-6，具体假设和过程如
下文。

表4-6 对国民收入分配格局的调整

（单位：万亿元；当年国民总收入为100%）

	资金流量表核算		王小鲁的调整		本章的调整	
居民部门（占比）	11.06	17.87	13.73	23.24	13.23	22.34
	60	57	69	67	66	64
企业（含金融）部门（占比）	3.73	5.61	3.20	4.74	4.31	4.14
	20	18	16	14	14	12
政府部门（占比）	3.83	8.20	3.29	6.92	4.22	8.42
	21	26	16	20	21	24
国民总收入	18.41	31.62	20.01	34.84	20.01	34.84

数据来源：根据CEIC资金流量表数据、汪德华（2010）与王小鲁（2010）提供的数据进行
核算所得。

我们假定2008年资金流量表核算财政收入与全口径财政收入之间的
差距维持在15000亿元，其中应计入居民部门支付的收入税部分为9000
亿元，应计入企业部门生产税的部分为6000亿元。[1] 2005年两者之差为
9343亿元，我们假定将其中5000亿元计入居民部门支付的收入税，而剩
下的4343亿元归于企业部门支付的生产税。则如果综合考虑财政收入核
算不全和居民灰色收入两方面的影响，按照王小鲁（2010）推算的国民总
收入以及各细项收入，可将国民收入分配格局的调整重新核算。从表4-6
中可见，考虑这两个因素之后，王小鲁（2010）关于居民部门和政府部门
可支配收入占比的结论有所弱化，即本章调整的结果在王小鲁（2010）的
调整结果与资金流量表核算结果之间。在企业部门收入占比方面，本章调
整结果进一步强化了王小鲁（2010）的结论，即相对于资金流量表核算的
2005年的20%、2008年的18%，调整后的比重仅分别为14%、12%。

---

[1] 作出这种假定的基础是2008年土地有偿使用收入较2007年下降了1775亿元。

四　对中国国民收入分配格局未来演变的展望

中国国民收入分配格局的未来演变趋势，既会遵循国民收入分配格局演变的一般规律，又受中国特殊国情的影响。展望至 2030 年的中国国民收入分配格局，主要关注点应落在企业、政府与居民部门的可支配收入上。从加快转变发展方式的角度出发，重点在于能否提高居民部门的可支配收入上。结合以上分析，这一问题涉及初次分配中劳动收入份额，以及再分配环节政府的财政收支行为。如前文所述，其中政府的财政收支行为对国民收入分配格局有关键性影响。

1. 初次收入分配中劳动收入份额的展望

以上文分析结果来看，即使排除了统计方法改变的影响，当前我国劳动收入份额依然较 20 世纪 90 年代初期下降了 5 个百分点以上。因此大致可以确认的是，近年来中国劳动收入份额下降的趋势是存在的。结合前文所总结的影响劳动收入份额的因素，经济发展阶段，中国快速融入全球化，由农业到制造业的结构改变，劳动力供给结构以及劳动者谈判力量薄弱，劳动者保护制度的不足等，应是出现这一趋势的重要原因。

展望未来 20 年，全球化的发展依然迅猛，可能对我国劳动收入份额的增长继续产生压力。不过，经济发展水平将进一步提升，服务业比重将明显提高，对劳动者的保护以及政策上对提高劳动报酬的关注等因素，都将有利于中国劳动收入份额提升。需要指出，在经济发展水平、产业结构等因素的背后，更为重要的应是劳动力供给形势对劳资双方谈判地位的影响。在劳动力供给非常充足，以致资本的谈判力量非常强的时候，劳动收入份额难以提升；在劳动力供给略显紧张时，劳动者的谈判地位将会上升，由此劳动收入份额的提升就是必然。从日本 1960—1980 年代、韩国 1970—1990 年代的经验来看，随着劳动力供给增速的下降，其劳动者收入份额分别在 1969—1975 年、1976—1990 年得以大幅提升。[①] 这些经验表明，劳动力供给形势确实影响着劳动收入的份额。

---

① 有关日本经验参见安信证券 2010 年 3 月 15 日策略主题报告《潮流正在转变——从人口结构看未来资本市场行业投资机会》。值得指出的是，目前我国舆论热炒的日本《国民收入倍增计划》，其实施期间（1960—1967 年）日本的劳动收入份额虽有所上升，但并不明显。

　　由此，展望未来20年中国劳动收入份额的变化趋势，应当首先考察劳动力的供给形势。近年来，由于"民工荒"现象的出现，有关中国"刘易斯拐点"是否到来已成为学术界关注的热点。较为公认的看法是，在现有城乡分割的制度下，从农业部门能转移到第二、第三产业的劳动力已所剩无几，但如果能够改变城乡二元结构，则劳动力的转移尚有一定空间。无论如何，如果将时间放宽到未来20年的视野，我国劳动力供给增速下降已是定局。如图4-3所示，自2000年以来，我国以16岁至18岁平均人口数扣减当年大学招生人数和50岁退休人数来度量的新增劳动力，其增速已经开始下降，到2015年乃至之后的年份，这一指标甚至变为负值。

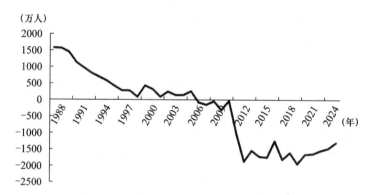

图4-3　16—18岁平均人数扣减当年大学招生人数和50岁退休人数

数据来源：由安信证券根据1%人口抽样调查以及人口普查数据（1990—2005年）、《中国教育统计年鉴》（1980—2008年）核算所得。

　　在这样的劳动力供给形势之下，意味着劳动者的市场地位上升，加上产业结构的变化，劳动收入份额的上升应是必然现象。也就是说，即使政策上不加以干预，单凭市场自身的力量，未来20年中国劳动收入份额也必然会上升。当然，当前政府各项政策对于劳动者保护的日益重视，也将有助于劳动收入份额的上升。不过，在我国当前经济发展阶段下，初次分配结果的改善应主要来自人口形势和劳动力供给条件变化的自发结果。政府如果过多干预初次分配，既可能有碍劳动力市场发挥自发调节作用，还可能实现不了政策目标。例如，过度提高最低工资，虽然有助于提升低收入就业者的工资水平，但也可能促使企业以资本替代劳动，从而减少就业，进而无助于劳动报酬份额的提升。

2. 再分配环节政府规模与财政支出结构的展望：趋势与政策

在再分配环节，政府规模的大小以及财政支出结构的差异，都将最终影响企业、居民与政府之间的收入分配关系。而政府规模与财政支出结构，不仅仅有其自身的演变趋势，同时也在很大程度上受政策调整的影响。

我们首先假定财政收入相关政策没有大改变的背景下，讨论中国财政收入规模在 2016—2030 年的演变趋势。对于财政收入的主体——税收，自"十五"以来长期存在税收增长速度远超 GDP 增长速度的现象。这种趋势是否还将继续下去？是展望未来首先需作出判断的一个问题。

作出这一判断的前提是理解税收高速增长的原因。高培勇（2006）在区分法定税负与实征税负的基础上指出，1994 年税制改革在税制设计时预留出很大的"征管空间"，也就是说事先建构了一个法定税负较高的税制架子。由此随着税收征管水平的上升，使得中国税收走上持续高速增长的轨道。这一解释的一个推论是，未来随着征管空间越来越小，税收增速与GDP 的名义增速之间的差距将越来越小。以现实数据来看，如图 4-4 所示，中国税收增速的变动与名义 GDP 增速的变动基本保持一致的趋势，税收增速与 GDP 的名义增速之间的差距也确实越来越小。值得注意的是，1997 年中国开始遭遇亚洲金融危机，但此后一直到 2002 年税收增速都高于名义 GDP 增速。这段时间内，税收增速年均达到 16.9%，高出 GDP 年均增速约 7.7%，并且两者之差在 2001 年高达 11.1%。这背后的原因一是随着新税制的不断完善，征管的力度越来越大；二是在亚洲金融危机期间，中国政府提出了增加税收的目标。自 2003 年开始，新一轮高速增长期间税收增速同样远高于名义 GDP 增速。但延续到 2008 年、2009 年，其后直到 2014 年，税收增速与 GDP 增速的差异越来越小。同样经历过高速增长的日本、韩国的历史经验也可以为我们展望未来提供很好的借鉴。在日本、韩国高速增长时期，同样存在税收增速长期高于名义 GDP 增速的现象。但在其经济增速趋缓之后，其税收增速也逐渐平缓，且与 GDP 增速逐渐接近。由此看来，如果我国的经济增速逐渐趋缓，则税收增速远超 GDP 增速的现象也可能逐渐消失。

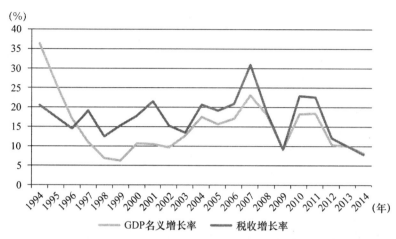

图 4 - 4 中国名义 GDP 与税收收入增长率之间关系（1994—2014 年）
数据来源：CEIC。

2010 年、2011 年，受经济刺激计划的作用，中国名义 GDP 增长率快速回升，与之伴随的是税收收入增长率重新回到 20% 的高位。但是，随着刺激计划力度的下降，2012 年开始名义 GDP 增速开始下降，而税收增速自 2013 年开始低于名义 GDP 增速，进入个位数时代。将此轮金融危机期间的中国税收增速，与 1998 年亚洲金融危机期间相比较可以发现，当时虽然经济低迷，但税收增速依然远高于名义 GDP 的增速，表明征管可以改善的空间巨大；而此轮经济增速下降期间，税收增速已开始低于名义 GDP 增速，表明征管空间的利用已经结束。基于对中国过去税收高速增长背后原因的分析，以及日、韩的历史经验，一个基本判断是：随着"征管空间"越来越小，经济增长速度逐渐放缓，未来中国税收增速继续远高于名义 GDP 增速的现象已经结束，税收增速必然进入个位数时代。

财政收入中预算外资金以及政府性基金（不包括土地出让金）两项，自 1998 以来占财政收入的比重已经大幅下降，其主要原因是越来越多的资金被纳入一般预算管理，且在政策上有逐渐将其减少的意向，因此预计随着改革的深化，这部分财政资金的规模将越来越小。至于土地有偿使用收入，由于中国已处在城镇化建设高峰期的右侧，因此在维持目前体制的前提下，其占全口径财政收入的比重将逐步下降，且其波动性较大。到城镇化建设高峰期之后，来自土地有偿使用收入的财政收入将会有所下降，但如果针对房地产保有环节的物业税得以开征，则此类性质的收入将维持稳定的规模。在 1998 年至 2009 年，社保缴费占全口径财政收入的比重已稳步从 9% 上升到 13%。当前，大力发展社会保障事业，已经成为社会各界的共识。以发达国家历史经验来看，随着社保缴费覆盖人群越来越广，中国未来 20 年社保缴费占全口径财政收入的比重将会稳步上升。

综合以上分析，可以预判在未来 20 年中：虽然全口径财政收入的结构会发生改变，但其占 GDP 的比重的变化趋势，将可能处于稳定阶段，在 30%—35%。

在既定的财政收入规模下，不同的财政支出结构对于居民、企业和政府的可支配收入份额影响较大。如果财政支出像欧洲发达国家一样，侧重于直接向居民部门转移支付的民生福利性支出，则居民部门的可支配收入份额不会因为财政收支规模过大而下降，而是通过再分配环节得以较大提升。以白重恩等（2010）基于 2008 年全口径财政支出数据（未包含地方融资平台债务资金）进行的估算来看，我国教育、医疗、养老等民生福利性支出的比重近 35%，交通运输、城乡基础设施、农业等产业方面的城乡建设与经济事务支出的比重近 40%。与发达国家民生福利性支出的比重一般超过 60%，城乡建设与经济事务方面的支出比重一般在 10% 左右的情况相比，中国的特点是城乡建设与经济事务方面的支出比重高，而民生性支出比重低。也就是说，我国财政向直接居民部门的转移支付比重较发达国家过低。这是当前居民收入难以有效提升的重要原因。

应当承认，考虑到改革开放之后中国赶超式的经济发展，快速的经济增长、人民生活的改善，对于基础设施的需求非常巨大，当前有限的财力偏向于经济建设也有一定的合理性。如展望未来 20 年的发展趋势，中国基础设施建设的高峰期应当已经完成，其相应的资金需求将会大幅下降。而社会保障事业的发展目前已经成为政府政策的重点，未来 20 年必将得到较大发展。当前我国财政支出的重点方向，是基础设施建设支出与民生福利性支出双碰头的基本格局，这是我国与老牌发达国家历史道路完全不同的现实国情。但在未来 20 年中，我国必将完成走向以民生福利性支出为中心的财政支出结构转型。从国民收入分配格局的角度看，这意味着在未来 20 年内，再分配环节对于提升居民部门可支配收入的作用将得以较大提升。

结合初次分配环节劳动收入份额与再分配环节的讨论，展望 2011—2033 年中国国民收入分配格局的演变，可以判断必将出现居民部门可支配收入的份额得以较大提升，而政府部门的可支配收入份额有所下降的局面，而这必然会带来居民消费和政府消费的大幅度增加。在其背后，劳动力供给形势的转变与财政支出结构的调整，是基本的动力。另外，中国全口径的宏观税负确实较高，但是对于居民收入比重过低的影响还需要结合财政支出一端的分析，如果未来财政支出主要用于社会保险、医疗、教育等政府消费中由个人享用的部分，那么这无疑在很大程度上会减少居民支出，从而提高居民收入的比重，将有助于扩大消费需求。

第 五 章

中国资本、劳动及消费的
平均有效税率

一 引言

按照财政学的基本理论，所有税收最终要由资本所有者、劳动者及消费者承担，因此会影响收入分配格局。有效税率，而非名义税率是度量财税政策对消费、投资以及劳动供给行为影响的有效指标。而这些宏观变量的变化，将在很大程度上影响国民收入分配格局，进而影响内需、外需的增长。本书主要通过测算中国资本、劳动和消费的平均有效税率，在国际比较的基础上进而讨论中国财税政策对内需的影响。

探求中国的有效平均税率对于正确看待税负是否合理这一问题有着很大的现实意义和理论意义。正确计算中国的平均有效税率显然对广大人民正确评判我国的税负有很大的社会意义。我国的财税改革已经提上日程，可是具体哪块税负不合理还是显得模糊不清，为此本章作了详细探究。从理论角度说，OECD 国家普遍用此方法来估量税负合理性，而我国不属于OECD 国家的成员，因此没有官方的数据。平均有效税率较宏观税负更能说明经济中资本、劳动、消费承担的税负水平，并且过程更加细化。本章严格遵守 OECD 所通行的做法并且与中国实际结合，将我国的"准税收"即各项税费按照 OECD 提出的核算方法归类，特别将具有中国特色的各项税费合理划分，计算真实的平均"有效"的税率，而不是名义的平均"有效"税率。这不仅体现了与国际接轨，而且也使比较更为便利、结果更为可靠。税负是否合理，是高还是低是相对而言的，应将我国与 OECD 主要国家（英国、美国、日本、德国、法国）的平均有效税率进行比较分析，客观来看我国的税负是否合理。

二　测算方法

平均有效税率的基本含义是所征税额与应税所得额之比。目前比较通用的平均有效税率的测算公式，总体来说是以 Mendoza 提出的方法为基础，然后根据实际情况调整假设或者放宽条件来计算平均有效税率。由于在综合征收制下，税收数据并没有明确区分对劳动所征收的税和对资本所征收的税。为此 Mendoza 假设家庭收入中，对资本和劳动有效税率成比例，也就是说家庭收入税的劳动部分与家庭收入中劳动收入所占的份额成比例。在国民收入和生产核算账户里独立就业人员的收入没有劳动和资本的区别。Mendoza 认为所有独立就业人员的收入都是资本收入。为了计算劳动和资本的平均有效税率，家庭收入的平均有效税率用来将个人所得税分配到资本和劳动中去。家庭收入的平均有效税率等于个人所得税除以家庭总收入，如表 5－1 中的第一个公式所示。家庭收入由私人非公司部门的净经营盈余（OSPUE）、非独立就业人员的工资收入（W）、非公司企业业主所得包括利息、红利、投资收入（PEI）。劳动的平均有效税率是对劳动的征税除以劳动收入。分子第一项 h×W 代表家庭收入税中劳动应承担的数额。所有的社会保险费（2000）和工薪税（3000）都属于劳动税。分母代表劳动收入，它包括非独立就业人员的报酬，例如工资和缴纳的社会保障金，需要注意的是个人的商业社会保险不计入这里所说的社会保障金。资本在投资或转移过程中付了一系列税，例如企业所得税、各种财产税、家庭所支付的资本收入税。分子第一项 h×家庭资本收入与非公司企业的经营盈余（OSPUE）和资本红利所得（PEI）是家庭资本收入部分承担的税收，其余项分别为公司所得税（1200），不动产的周期税（4100）即对金融和资本交易的征税。分母为经营中的净盈余，它代表特定时期经济中资本所产生的净利润。经营中的净盈余是指经营盈余减去固定资产消费即折旧。

表 5－1　　　　　**各种计算平均有效税率的方法**

	Mendoza 方法的平均有效税率方程
家庭总收入的平均有效税率 h	h = 1100/（OSPUE + PEI + W）
劳动的平均有效税率 l	l =（h×w + 2000 + 3000）/（W + 2200）

续表

资本的平均有效税率 k	$k = (h \times (OSPUE + PEI) + 1200 + 4100 + 4400)/OS$
消费的平均有效税率 c	$c = (5110 + 5121)/(CP + CG - CGW - 5110 - 5121)$
Jarass & Obermair 方法	
劳动的平均有效税率 l	$(\lambda \times 1100 + 2100 + 2200 + 3000)/CoE$
资本的平均有效税率 k	$(1000 - \lambda \times 1100 - \text{"transfer"} + 4000 + 6000)/OS$
消费的平均有效税率 c	$(5000 - parts\ of\ 5121 + 5122 + 5126 + 5200)/C$
欧洲委员会的计算方法	
家庭总收入的平均有效税率 h	$h = 1100/(OSPUE + PEI + W)$
劳动的平均有效税率 l	$l = (h \times w + 2000 + 3000)/(W + 2200)$
资本的平均有效税率 k	$k = [h \times (OSPUE + PEI) + 1200 + 4100 + 4200 + 4400]/OS$
消费的平均有效税率 c	$c = (5110 + 5121 + 5123)/(CP + CG - CGW - 5110 - 5121 - 5123)$
OECD 提出的计算方程	
家庭总收入的平均有效税率 h	$h = 1100/(OSPUE + PEI + W - 2100 - 2300 - 2400)$
劳动的平均有效税率 l	$l = [h \times (w - 2100 + WSE) + 2100 + 2200 + 2300 + \alpha \times 2400 + 3000]/(CoE + WSE + 2300)$
资本的平均有效税率 k	$k = (h \times (OSPUE + PEI - WSE - 2300) + 1200 + \beta \times 2400 + 4000)/(OS - WSE - 2300)$
消费的平均有效税率 c	$c = (5110 + 5121 + \quad + 5122 + 5123 + 5126 + 5128 + 5200)/(CP + CG)$
WSE 自由职业者的劳动收入	$ES \times [(W - 2100)/EE]$
α	$(W - 2100 + WSE)/(OSPUE + PEI + W - 2100 - 2300)$
β	$1 - \alpha$

　　此外，Mendoza 没有提及和解决甚至"回避"了以下几个非常重要的问题。第一，国民收入账户数据种类的定义与税收收入种类不可比。第二，固定资产消费的估计程序（主要指固定资产法定使用年限）各个国家不可比，这对估计值造成了非常重要的影响。第三，国民收入账户数据通过税收制度或许反映了避税和逃税的激励。第四，各国根据 SNA93/ESA95 国民收入账户数据的修正处于不同阶段。在税法和国民收入账户中对综合税收基础有不同的概念。

　　与 Mendoza 提出的基本方法最大的区别是，Jarass & Obermair 用了不同的方法计算劳动收入税率。他们认为由于各国实际情况有差别，因此不能局限于仅仅用家庭的资本有效税率估计资本和劳动的平均有效税率，应当提出多样化的方法根据不同国家各自的情况作选择。λ 是对资本、利润和个人资本利得所征税的比例。λ 可由三种方法计算而得。第一是薪水和工资比个人所得税 （1100） 项下的所有税收。第二类是当局政府解释 λ 值，例如丹麦。第三种方法是由劳动者报酬除以劳动者报酬与私人非法人企业的经营收益的总和来代表即 λ = COE/ （COE + OSPUE）。另一个不同点是将不能识别的各种财政收入 （6000） 例如罚款看成是对资本的税收。他们还特别强调了政府对企业的补贴 （Transfer），由于这部分负税收是政府退还给企业的，所以要从分子中扣减。最后，上面提到各国固定资产折旧标准不一，经营盈余（OS） 在这里指没有扣除固定资产消费的总体经济中的经营盈余。

1997 年欧洲委员会提出的计算方法与 Mendoza 提出的方法基本相同，只是在资本和消费的平均有效税率方程中有微小调整。在资本平均有效税率方程中，主要体现在分子中增加了净财富的周期税 （4200）、对金融和资本交易的税收 （4400）。在消费的平均有效税率方程中，二者的差别就在于是否把关税和进口税 （5123） 视为对消费的征税。

OECD 的方法相对于其他方法来说更加完善，目前在世界上也广为认可。家庭收入由两部分组成，一部分是由工资、薪金等构成的劳动收入，另外一部分是由资本利得、投资收益、利息收入等构成的资本收入。在大多数国家，社保缴费可以在家庭所得税税基中扣除，另外 OECD 认为对于家庭来说社会保障缴费不属于家庭当期可支配收入，所以要从税基中扣除。分子中个人所得税 （1100） 代表家庭缴纳的税收，分母代表家庭实际的收入，二者的比值就是家庭收入的平均有效税率。

Mendoza 不切实际地假设独立就业人员所有的收入都应当是资本性收入，这抹杀了个体经营者的劳动者地位，OECD 方法认为独立就业人员的收入一部分为资本性收入，另一部分为劳动性收入。劳动性收入部分应当等于独立就业人员付给非独立就业人员的平均工资。WSE （独立就业人员的工资） 等于非独立就业人员的劳动报酬减去社会保险缴款后的平均工资与自由职业者人数的乘积。α 代表劳动收入在家庭收入中的比例，那么 β 就是资本收入在家庭收入中的比例。

对劳动的广义征税包括劳动者和雇主缴纳的社会保障金、自由职业者和非独立的就业人员工资按照家庭平均税率缴纳的税款。劳动者的收入既是"现在"意义的也是"未来"的。劳动者在当期所产生的收入部分在现在使用，另外一部分递延到未来使用，但是他们都是当期产生的劳动收入，因此税基应当包括非独立就业者的工资和社会保险缴款（COE）、自由职业者的劳动收入（WSE）和自由职业者和失业人员的社保缴款（2300）。

资本收入是由经济中的净经营盈余（OS）扣除自由职业者工资（WSE）和自由职业者、失业人员的社会保险（2300）而得。对资本的征税分为两大部分，第一部分是对家庭包括独立就业人员收入的资本部分征税。资本有效平均税率公式的第一项就表示家庭收入的资本部分应当承担的税收。非公司企业的净收入和家庭的利息、红利、投资 PEI 扣除独立就业人员合理的工资以及独立就业人员、失业人员的社会保障缴款得到居民部门的计税基础。公司所得税（1200）和各种对财产的征税（4000）无疑是对资本的征税。2400 是未分配的社会保障缴款，由于不明确缴款性质，所以我们按照家庭资本应当承担的比例 α 来征税。通常未知的社会保险缴款（2400）的数额很小，以至于 OECD 国家的统计数据都忽略不计。

整个社会的最终消费支出包括政府消费（GC）、居民消费和非营利组织消费，后两者构成私人消费（PC）。消费主体在购买商品和服务时，承担了增值税、消费税等此类显而易见的税收。但是还有一些看似与消费无关的税费其实也是对消费品的征税。例如，在各国烟酒等都是国家专营或者是出售经营执照，这些费用被认为是对消费品的征税。由国家控股的垄断行业，其价格大多数由政府管制，但是其上缴财政的利润被看作取得垄断权力的费用。

国内计算有效平均税率的主要文章有李芝倩（2006）。文中先将各类税收分别归到资本、劳动、消费类，然后分别除以资本、劳动总收入和消费支出。其中资本收入 = 营业盈余 − 企业亏损补贴 + 资本税收，劳动总收入 = 劳动税收 + 税后劳动报酬，消费支出等于最终消费即常住单位从国内和国外购买货物和服务的支出，包括居民消费支出和政府消费支出。文章认为存在以下几个问题。首先，她仅仅考虑了狭义的税收，并没有将中国的全口径财政收入考虑在内。中国特殊的财政收入例如土地出让金、专项收入等都被忽略不计。再次，计算劳动的平均有效税率时，将社保基金收入作为分子也显得偏颇，因为社保基金不同于社保缴费。最后，在计算资本和劳动平均有效税率时，没有考虑独立就业人员的劳动和资本各应承担的税负。刘初旺在《我国消费、劳动和资本有效税率估计及其国际比较》一文中用了 Mendoza 提出的方法对中国的平均有效税率进行测算。但是他没有考虑中国全口径财政收入，他对某些税种的归类也不符合 OECD 提出的方法，例如将城市维护建设税归为对资本的征税。城市维护建设税是以增值税或者营业税为基础而征收的，按照 OECD 所定义的"计税元素为增值税或者营业税"，它应当是对生产或服务的一般税（5113）。

三　2000—2010 年中国的有效平均税率

在计算平均有效税率之前，必须先将我国的各类税费按照 *Special Feature：Taxes Paid on Social Transfers* 的方法分类，见附表 5 - 3。我国全口径财政收入由税收收入、社会保险基金收入、非税收入、贷款转贷回收本金收入、债务收入、转移性收入六大类构成，每一大类又分为不同款。其中非税收入分设 8 款，分别是：政府性基金收入、专项收入、彩票公益金收入、行政事业性收费收入、罚没收入、国有资本经营收入、国有资源（资产）有偿使用收入、其他收入。

贷款转贷回收本金收入，它是国家对国内外货币投资的本金回收，所以不是国民的负担，不能认为是向国民征税。债务收入虽然是向国内外居民或者政府借款，但由于国家需要向对方支付利息是有偿的，所以不应当算作隐形税收。转移性收入占财政收入的比例非常小，所以在此不作考虑。根据 OECD 提供的 REVENUE STATISTICS 中对分类的评注，笔者根据中国财政收入的来源及其性质，将税收收入、社保基金收入和非税收入对应到各个代码中，具体理由陈述如下。

1000 包括对公司和个人净收入和利润（总收入减去允许的退税）的税收。这里包括对个人、公司资本利得和个人赌博收入的课税。根据课税对象，它分为个人所得税（1100）和公司所得税（1200），前者是对个人所得的征税，后者是对企业所得的征税。农业税在本质上是对农民所得的征税，属于 1100 项。我国税法中明确指出个人所得税的纳税范围是工资、薪金所得、企事业单位承包所得、劳务报酬所得、个体工商户的生产经营所得、稿酬所得、特许使用费所得、利息股息红利所得、财产租赁所得、财产转让所得、偶然所得和经国务院财政部门确定征税的其他所得（见表

5 - 2）①。

表5－2	个人所得税归类
个人所得税中对劳动课征的部分	工资薪金所得、劳务报酬所得、稿酬所得
个人所得税中对资本课征的部分	特许使用费所得、利息股息红利所得、财产租赁所得、财产转让所得、偶然所得
个人所得税中不能区分的部分	企事业单位承包所得、个体工商户的生产经营所得、其他所得

　　首先，我们要明确社会保险基金不等同于社会保障缴款，二者既有区别又有联系。社会保险基金不仅包括社保缴款，还包括政府财政补助和利息收益。在这里，我们指的是社会保障缴款。2000 类收入包括失业保险金、工伤事故和疾病救助金、老年残疾、遗属抚恤金、家庭津贴、医疗补助金、医疗服务拨款。原则上，不包括自愿缴纳的各项保险。雇员定义为在商业部门、政府体制、私人非营利机构或者其他支付薪水的单位从事活动的个人。我国的现行体制是，雇主为雇员和雇员自己各缴纳一定比例的五险，这也是大多数国家的通行做法。

　　工薪税（3000）包括对雇员、雇主、自由职业者以工资的固定比例或者以固定的人头缴纳的税，例如英国的国家保险附加费，瑞典的工资税等。但是这类税在大部分国家已经不存在了。

　　财产税（4000）是对财产的使用、购买、所有权的转移周期性的或非周期性的征税。不动产的周期税（4100）包括涉及不动产的所有权和使用的周期税，对土地和建筑物等征收。根据国家租金收入、出售价格、资本化价值对财产估计价值的一定比例征收。我国的城镇土地使用税就属于不动产的周期税（4100）。按照城镇土地使用税税法规定，城镇土地使用税的征税范围包括在城市、县城、建制镇和工矿区内的国家所有和集体所有的土地。在 OECD 关于分类的解释中，很明确地将房产税归为净财富的周期税（4200），但是由于我国没有课征遗产税和赠与税，因此在我国净财富的周期税（4200）中包括房产税和契税。契税是指对契约、合同、书立凭证征收的税，属于财产转移税，由财产承受人缴纳。对金融和资本交易

---

① 《中华人民共和国个人所得税法》。

的税收（4400）的定义是对证券和资产的发行、转让、购买和销售而课征的税收。我国税法中明确指出，印花税是以经济活动和经济交往中，书立、领受应税凭证的行为为征税对象征收的财产税。其他对财产的非周期税（4500）包括一次性的不同于周期性的对财产的征税。他进一步将其分为4510和4520。前者包括以满足紧急支出和重新分配为目的而征收的税种。后者考虑由于政府在土地上加强了基础设施建设而使土地增值的税收，也考虑了资本重新估值的税收和关于财产特定条目的税收。我们将土地出让金和土地增值税归类于此。土地出让金收入的本质是对资本的征税。与土地增值税一样，它是对土地使用者的课征，只是土地增值税是对土地所有者在二级市场的交易征税。土地出让金占到了政府基金的一半以上，便于简化和由于具体数据的缺失，我们将除了土地出让金归为对财产的征税（4000），其余的政府性基金归为对商品和服务的征税（5000）。其他对财产的周期税（4600）存在于极少数的OECD国家，此条目包括诸如牲畜、珠宝、窗户税和其他财富外在标志的税收。

对生产销售转移出租运送货物和提供服务征税（5100）是对生产、加工、销售、转移、租赁或者运送货物和提供服务而课征的税。对产品和服务的特别税（5200）是对物品使用或者使用物品的权利以及特定行为的课税。全世界大部分国家开征了增值税和营业税，在OECD国家更是普遍，我国1994年税制改革以来，税收逐步与国际接轨。因此我国的增值税和营业税、消费税分别属于增值税（5111）、营业税（5112）和消费税（5121）。其他对货物和服务的一般税（5113）是对商品和服务征收的其他一般税。由于我国的城市维护建设税的计税依据是增值税、营业税和消费税，所以城市维护建设税和教育附加费属于此类。我国国有企业掌握着国家经济命脉，与其他资本主义国家相比，我国有大量的国有资本利润，国有资本经营上缴财政的部分属于垄断财政收入（5122）。对投资的征税（5125）是对投资品的课税，例如机器。这类税出于反经济周期的目的暂时或者持续数年课征。我国于2001年停征的固定资产方向调节税就是为了缓解当时投资过热而征收的，属于此类，但是不属于对消费的征税。对特别服务的征税（5126）主要是对保险费、银行服务、赌博、博彩股份、交通运送、餐饮业、广告费征收。5127是对国际贸易和交易的征税，它指的是政府以不同利率购买、出售外汇而课征的税。对特别服务的其他征收（5128）包括了剩余的不能识别的来自特定商品或服务的税收。对使用物品或者使用物品和特定行为的征税（5200），主要是对烟酒的专营权、排污费等这类"坏的商品"征收。我国的专项收入是由各种排污费、教育费附加、各种矿产资源采矿权收费等组成，因此属于此项（见表5-3）。

表5-3　　　　　　　　　　**根据我国实际情况修正的计算方程**

劳动的平均有效税率 l	l =（个人所得税对劳动课征的部分＋农业税＋社保缴款）/（劳动者报酬＋WSE）
资本的平均有效税率 k	k =（个人所得税对资本课征的部分＋1200＋4000）/（OS－WSE）
消费的平均有效税率 c	c =（5110＋5121＋＋5122＋5123＋5126＋5128＋5200）/（CP＋CG）
WSE 自由职业者的劳动收入	WSE＝个体就业人数×城镇私营单位就业人员平均工资

　　鉴于我国统计方面数据的缺失和我国税收的基本国情，在计算中国的平均有效税率时调整了劳动、资本平均有效税率的公式。首先，中国的个人所得税是以个人为单位分项目扣缴，而大多数 OECD 国家是以家庭为单位综合扣缴。我国的个人所得税除了个体工商户的生产经营所得、企事业单位承包所得和其他所得，需要继续讨论其资本与劳动构成的比例之外，其余各项的征税对象都很明确。为此，秉持上述计算方法的基本原则，我们仍然假设个体工商户付给自己的劳动所得等于非独立就业者的平均工资，具体做法是我们按照城镇私营单位就业人员平均工资来计算个体工商户的劳动所得。为了计算简便，我们将个人所得税中的其他收入和企事业单位承包所得也按上述方法归为对资本和劳动的征税。个人所得税中不能区分的部分中，个体工商户劳动承担的税收＝工资薪金所得税/（劳动者报酬—社会保险缴款）×估算的个体工商户收入。其他收入和企事业单位承包所得税中劳动应承担的部分＝个体工商户个人劳动承担的税收/个体工商户缴纳的总税收×（其他收入＋企事业单位承包所得税＋税款滞纳金罚款收入）。需要说明的是，个体工商户的估计收入等于个体就业人数乘以私营单位就业人员平均工资。

　　第二，我国人力资源和社会保障部公布的统计数据没有涉及企业、个人分别缴纳社会保险金即"五险"的具体数额，而且我国的个体经营者、失业者基本上都不交社会保险，所以自由职业者缴款和失业人员缴款（2300）在我国理论上应当为零。

最后，已经停止征收的农业税是我国历史上的传统税种，不管以徭役还是赋役等形式征收，它自古以来都是农民的负担，显而易见是对劳动的课税。因此，我们把个人所得税对劳动课征的部分、农业税和社保缴款作为分子。分母包括劳动者报酬和估计的自由职业者所得。企业所得税（1200）和对财产的征税（4000）类各项税收的征税对象都是资本。个人所得税中特许使用费所得、利息股息红利所得、财产租赁所得、财产转让所得、偶然所得明显是对资本的征税，企事业单位承包所得、个体工商户的生产经营所得、其他所得中扣除对劳动征收的部分就是对资本征收的部分。

经过测算，我国的消费、资本、劳动的平均有效税率如表5-4所示。可以看到我国消费的有效平均税率连年走高，近十年来从23.3%增长了近10个百分点，在2010年攀升到32.6%，虽然从2006年开始增长速度放缓，可是消费的平均有效税率已然处于非常高的水平。究其原因在于，十年间政府和居民的消费支出增长仅3.26倍，而增值税、营业税、消费税、城市维护建设税却增长了近5.5倍，这四个税种占所有对消费课税的各项税费的80%左右。我国劳动的平均有效税率呈现稳步上升态势，从2000年的4.9%逐步上升到2010年的10.6%，年增长率平均为8%。资本的平均有效税率起伏较大，在25%—40%波动。很大程度上是土地出让金的不规则变化而引起的。在2000年到2002年三年，由于政策原因，我国的土地出让金虽然增长很快但是基数较小，企业所得税收入占到了对资本征收的各项税费的一半以上。但是从2003年开始，土地出让金在对资本课税的各项税费中占了很大一部分比例，例如在2003年土地出让金占到了57%，比企业所得税所占的比例还多，而且较上一年度增长了1.2倍。而2010年企业所得税收入只比土地出让金多了不到400亿元。

表5-4　　　　　　　　　中国的平均有效税率　　　　　　　（单位:%）

年份	资本	劳动	消费
2000	26.40	4.90	23.30
2001	37.00	5.40	23.80
2002	41.10	7.20	25.50
2003	46.50	7.80	27.70
2004	33.60	7.50	29.70
2005	27.20	8.80	30.90

续表

年份	资本	劳动	消费
2006	29.10	9.10	32.10
2007	38.40	9.70	31.30
2008	36.20	8.30	30.80
2009	42.40	9.50	30.40
2010	34.50	10.60	32.60

数据来源：经营盈余和劳动者报酬来自《中国统计年鉴》中地区生产总值收入法构成项目表；居民和政府最终消费支出来自《中国统计年鉴》中各地区最终消费支出及构成表；个体从业人员来自《中国统计年鉴》中各地区个体就业人数表，单位：万人；个人从业人员平均工资来自《中国统计年鉴》中各地区按行业分城镇私营单位就业人员平均工资表，单位：元；政府性基金、土地出让金数据来自中国政府规模核算表；其他数据来自《中国统计年鉴》中各地区财政收入表和《税务统计年鉴》，单位：亿元；社会保障缴费来自《人力资源社会统计年鉴》。

四 国际比较

本节严格按照 OECD 的做法计算出美国、英国、法国、德国、日本五个 OECD 主要经济体的劳动、资本、消费的平均有效税率，并将其与表 5-4 测算的中国相关平均有效税率相比较。总体上看，OECD 国家以净经营盈余为分母的资本平均有效税率在 1980—1997 年为 51% 左右，劳动的平均有效税率约为 32%，消费的有效平均税率为 16%—17%。进入 21 世纪以来，欧洲国家对税收基调不约而同，无一例外都是结构性减税。这不仅是国内经济的需要和民众诉求，而且也是国际税收竞争的结果。各国都追求宽税基、简税制、低税率，但是为了维持国家的基本运转，必须保证一定的税收收入水平，否则难以为继。几个大国的发展趋势也与之相同。

如表 5-5 所示，法国消费的平均有效税率在 2001 年、2002 年、2004 年一度超过 15%，但是其余年份都维持在 11%—12%。相比于美国和日本，法国消费的平均有效税率是偏高的，但是和欧洲的另外两个强国——英国和德国是差不多的。因为三个国家的人口和消费习惯、经济水平是差不多的。英国人口较少导致了其国内市场消费比较有限，因而导致最终消费量不会很大，消费的平均有效税率呈现下降趋势，1980 年到 1985 年间消费的平均有效税率为 16%，2009 年下降到约 10%，而且在 2000 年以后是逐年下降。德国的消费平均有效税率在 2000 年之前基本维持在 15%，到了 2001 年以后每年保持在 11% 上下。

表 5 - 5 　　　　　　　六国消费的平均有效税率比较分析　　　　　（单位:%）

年份	消费					
	法国	德国	英国	美国	日本	中国
1980—1985	18.8	14.8	16	6.3	6	
1986—1990	19	14.6	16.4	5.9	6.2	
1991—1997	18.2	15.8	16.9	6.1	6.7	
1995	12.5	15.7	0	0	5.4	
2000	12.3	15.5	12.2	5.3	6.3	23.3
2001	15.7	11.7	11.8	5.1	6.2	23.8
2002	15.5	11.6	11.6	5	6.1	25.5
2003	11.5	11.7	11.5	5	6.1	27.7
2004	15.3	12.1	11.4	5	6.2	29.7
2005	11.7	11.4	10.9	5.2	6.3	30.9
2006	11.4	11.5	10.7	5.2	6.2	32.1
2007	11.5	12.4	10.7	5.1	6	3I.3
2008	11.2	12.3	10.5	4.9	5.7	30.8
2009	10.8	12.1	9.7	4.7	5.7	30.4
2010						32.6

数据来源: 1. 1980—1985 年、1986—1990 年、1991—1997 年的数据为其各年的平均值，来源于 OECD 网站；2. 1995—2009 年 OECD 五国数据来源于 "Revenue Statistics" 中 Country Table；国民收入和生产核算账户数据来自 OECD 电子图书馆网站（http://www.oecd - ilibrary.org/economics/data/detailed - national - accounts_ na - dna - data - en）。

如表 5 - 6、表 5 - 7 所示，法国的资本的平均有效税率从 20 世纪 80 年代开始稳定在 40% 上下；劳动的平均有效税率在 20 世纪 90 年代到达 40% 的顶峰时开始下降，随后一直维持在 30%。法国从 2000 年实行的一系列的税收改革是导致劳动和资本有效税率下降的主要原因。这些措施包括降低个人所得税，最低税率从 10.5% 降至 7%，最高税率从 54% 降至

52.5%，对于最穷家庭个人所得税的起征点也有很大幅度的提高。在公司所得税方面，对中小型企业的公司税率给予大幅度优惠，2001年从36.6%降至27.5%，2002年为15.45%，对大公司的企业所得税率也由36.7%降低到33.33%。由于法国的政治体制，领导人选举对税率等方面的调整也是导致平均税率波动的一个原因。

英国的劳动平均有效税率在20世纪略微下降后，到了21世纪以后持续微小上升，基本保持在24%—25.5%。资本的平均有效税率波动比较大，从整体上来看，下行趋势也非常显著。1980—1985年资本的平均有效税率接近100%，到了20世纪末下降到70%以下。2000年以来，虽然存在波动，但是下行势头非常明显，从2000年的68.1%下降到2009年的56.8%，十年间下降了十多个百分点。

表5-6　　　　　　　六国资本的平均有效税率比较分析　　　　（单位:%）

年份	法国	德国	英国	美国	日本	中国
1980—1985	53.3	47.6	95.5	51	109	
1986—1990	41.5	39.4	90.2	49	98.8	
1991—1997	41.4	36.4	68.6	51	83.6	
1995	36.6	33	0	0	89.6	
2000	41.6	38.5	68.1	42	75.1	26
2001	42.1	27.5	68.5	40	80.5	37
2002	40	27.1	58.3	37	64.5	41
2003	36.6	28.3	53.6	37	61	47
2004	39.1	27.4	54.8	36	59	34
2005	40	31.2	58.9	40	60	27
2006	44.4	32.7	62.6	40	68.3	29
2007	43.1	33.1	59.2	43	61.2	38
2008	44.6	34.1	56.5	40	63.4	36
2009	36.9	32.2	56.8	35	64.5	42

数据来源：1.1980—1985年、1986—1990年、1991—1997年的数据为其各年的平均值，来源于OECD网站；2.1995—2009年OECD五国数据来源于"Revenue Statistics"中Country Table；国民收入和生产核算账户数据来自OECD电子图书馆网站（http://www.oecd-ilibrary.org/economics/data/detailed-national-accounts_na-dna-data-en）。

德国是世界上最早建立社会保障体系的国家，社会保障的覆盖率非常高，法定社会保险费率为 35%—40%，并规定了最高限额。德国在 2001年正式施行讨论了 6 年的税收改革。在个人所得税方面提高了基本免税额，降低了最低和最高税率，但是由于德国人口的老龄化问题加剧，所以近年来德国政府提高了法定退休年龄和社会保险中养老保险的税率。我们可以看到，德国劳动的平均有效税率的波动温和，在波浪中呈现温和的上升趋势。在 21 世纪初的税收改革中，很重要的就是将企业所得税降低到25% 并且废除了归集抵免制和资本收益税。我们可以很清晰地看到，2000年以前的资本有效税率都非常高，而 2001 年有了显著的下降，随后又缓慢升高，直至 2008 年达到了 34%。

表 5-7　　　　　　　六国劳动的平均有效税率比较分析　　　　（单位:%）

年份	法国	德国	英国	美国	日本	中国
1980—1985	35.4	33.1	24.3	21.6	20.1	
1986—1990	38.5	34.8	22.3	22.1	23.1	
1991—1997	40.2	35.9	21	22.6	22.6	
1995	35.6	36.9	0	0	22.5	
2000	32.5	37.5	24.1	25.7	23.6	4.9
2001	31.8	35.7	24.2	25.1	25	5.4
2002	31.6	34.9	23.6	22.8	23.7	7.2
2003	31.8	34.7	23.8	21.7	23.6	7.8
2004	31.8	34.2	24.4	21.7	24.3	7.5
2005	32.5	36.3	24.9	22.6	25.2	8.8
2006	33	37.4	25.3	23.1	25.8	9.1
2007	33	37.8	25.4	23.6	26.9	9.7
2008	33.1	38.8	25.9	22.9	27	8.3
2009	32.3	36.1	25.3	20.9	27.1	9.5

数据来源：1.1980—1985 年、1986—1990 年、1991—1997 年的数据为其各年的平均值，来源于 OECD 网站；2.1995—2009 年 OECD 五国数据来源于 "Revenue Statistics" 中 Country Table；国民收入和生产核算账户数据来自 OECD 电子图书馆网站（http://www.oecd-ilibrary.org/economics/data/detailed-national-accounts_na-dna-data-en）。

美国消费的平均有效税率稳定地维持在5%，几乎从1980年以来没有变化。如此低的平均有效税率是因为美国是一个消费大国，还因为其对消费课征的税率确实不高。劳动的平均有效税率在22%左右，变化不大。美国人口老龄化现象在发达国家中算是最轻的，而且美国在社会保障方面的政策连续性比较高。但是资本的平均有效税率波动较上两个指标比较强烈，在2000年以后较20世纪的高平均有效税率有了近10个百分点的下降。美国的资本税受政治影响相对来说比较强烈。我们可以看到在布什总统执政的第一个时期，资本的平均有效税率在35%—40%，而且是逐年递减的。美国的公司所得税不同于我国，它是一种超额累进税而非比例税，布什总统上台后，为了应对"9·11"事件对美国经济带来的不利影响和平衡各方利益，实施了一揽子减税政策，尤其是公司所得税。但是在其执政的第二个时期，资本的平均有效税率总体来说较第一个时期有所上升，大致维持在40%，而且也在此期间呈现递增趋势。随着美国经济的复苏和债务问题逐渐显现，在布什执政时期，减税力度放缓。这就使美国资本的平均有效税率有所上升。

进入21世纪以后，随着银行坏账问题的逐步解决以及出口的带动，日本经济开始摆脱20世纪90年代以来的长期低迷，日本经济在经历了"失去的十年"之后，开始强劲复苏。日本的资本税历来都很高，这一直为企业家们所诟病。尤其是高企业所得税让日本企业在竞争中处于劣势。自小泉纯一郎内阁2001年上台后，实行了一系列行之有效的措施。日本资本平均有效税率呈现明显的下降趋势，由20世纪的100%以上下降为60%左右。由于日本税制庞杂，对资本课征的税率一向比较重。尤其是日本的企业所得税在全球来看也是比较重的。普通税（相当于国税）、都道府县税和市町村税（相当于地税）对企业所征的法人税加起来为40%，这显著推高了日本资本的平均有效税率。日本内阁发布的《2011年老龄化社会白皮书》显示，截至2010年10月1日，日本人口为1.28亿，其中65岁及以上人口占总人口的23.1%，老龄化问题所对应的社保缴款问题显然不是小问题。这就不难理解劳动的平均有效税率有缓慢小幅上升趋势了。表5-7数据显示，日本劳动的平均有效税率从2002年的23.7%，经过近十年的小幅攀升，在2009年达到27%。与美国一样，日本消费的平均有效税率维持在5%左右，是OECD国家平均有效税率最低的国家之一。

日美同为消费大国因此私人和政府的最终消费数额很大，其中居民消费占有绝对地位，这要归功于其发达的社会保险制度和相较于其他发达国家繁盛的人口。

与OECD五国相比，我国的资本平均有效税率差别不大，但消费的平均有效税率显然大幅度偏高，本书认为有三方面原因。第一，我国的重复征税导致消费者的税负偏高，我国的流转税虽然以增值税为主，但是营业税广泛在第三产业征收，第三产业又是纳税的一个重要的产业部门。关键是营业税存在严重的重复课征现象，因为在某个环节会导致多次课征，从而推高了流转税额，使消费的有效平均税率高于他国。第二，核算中，5200项下有一项是财政垄断利润，定义为国有垄断企业上缴给财政收入的利润。OECD五国国有企业的利润很少且绝大部分上缴财政收入。他们的国有企业主要是紧紧围绕民生的行业，例如发电、自来水供应。我国的国有企业存在大量的垄断利润，而且每年上缴的比例多为5%。我国的统计年鉴中国有资本经营收入和国有资产有偿使用收入的数据不完善，因此实际上造成了结果的低估。我们国家存在大量的非税收入，这类收入庞杂且隐蔽但是也构成了居民的消费负担。最后，我国居民由于习惯和社会保障不完善等原因，向来重视储蓄，克制消费。尤其是在广大的农村地区，农民的收入有限制约了消费，另外一方面也是由于"勤俭节约"的传统美德。一般来说，政府消费不是主体，消费主要靠居民消费拉动，这是我国消费的平均有效税率偏低的另一个重要原因。

与OECD五国相比，我国的劳动平均有效税率相对偏低，但逐年上升。这是与我国社会保障体系覆盖不全，正在逐步完善的国情是一致的。劳动平均有效税率偏低，是因为其分母是社会整体劳动收入，并不代表纳入职工社会保障体系的个体劳动有效税率低，而是代表大量人群未纳入社会保障体系。为了配合国有企业改革，我国于1998年初步建立职工养老保障制度并逐步完善。大规模铺开是在2000年以后按先城市后农村的步骤来逐步实行。不得不说的是，我国的社会保障制度覆盖率与发达国家相比非常低。私营企业和个体工商业者几乎不为自己和雇员缴纳社会保险金，这已经不是罕见之事，农村的参保率就更加偏低。当然我们也看到了我国的平均有效税率在逐年增长，这也从另一个侧面说明了我国正在不断完善社会保障体制。1980年我国正式对个人所得税立法，自此个人所得税缴纳制度正式建立。我国是一个农业大国，城镇就业人口比例相对不高。

这就决定了个人所得税的征收范围有限。随着中国城市化的滚滚浪潮和现代化的铿锵脚步，越来越多的农民工加入城市建设，这是个人所得税增长的基础。就业人口的增加，城市化进程的不断推进大大提高了个人所得税税款和社会保障金的缴纳额。经过改革开放以来工业的长足发展，工业反哺农业的时代于 2006 年正式到来，延续了两千多年的农业税被取消。但是农业税是一个小税种，它对劳动有效平均税率的影响并不大。

五　结论

本章在对中国财政收入的口径和分类进行细致讨论的基础上，采用国际可比的方法测算了我国资本收入、劳动收入与消费的有效税率，并将其与法国、德国、英国、美国、日本进行比较。我们测算的结果表明，中国的消费平均有效税率自 2000 年以来一直在不断提升过程中，已从 2000 年以来的 20% 左右上升到 2010 年 30% 的水平。与之比较，法国、德国、英国的消费平均有效税率自 20 世纪 80 年代以来处于缓慢下降的趋势中，近 10 年来处于 10% 以上的水平；美国、日本由于其特殊的税制，消费平均有效税率一直在 5% 的水平上。中国的劳动收入有效税率自 2000 年来处于缓慢上升的通道过程中，2000 年为 5%，2010 年已达到 10% 左右的水平。与之相比较，法国、德国、英国、美国、日本五国的劳动收入平均有效税率显著高于中国，且自 80 年代至今一直处于稳定波动区间。其中，法国、德国的劳动收入平均有效税率在 35% 左右，英国、日本、美国在 25% 左右。中国的资本收入有效税率在 2000—2010 年，一直在 20%—40% 波动。与之比较，日本、英国的资本收入有效税率自 20 世纪 80 年代的 100% 以上的水平逐步回落到今天的 60% 的水平；法国、美国一直在 40% 左右的水平上波动，德国自 20 世纪 80 年代 50% 左右的水平回落到 30% 左右；中国的水平与五国相比处于低位。对各国的比较表明，由于针对资本的税收一部分是对存量资本，波动较大属于常态；中国的资本收入税率目前尚属较低水平。

综合分析，中国要素收入和消费支出的平均有效税率，与几大发达国家确实存在较大的差异，最主要的体现是消费税率偏高，劳动税率偏低。究其原因，中国以间接税为主体的税制结构，社会保障事业发展滞后，宏观经济运转体现出与发达国家显著不同的特点，都是这一现象出现的重要影响因素。展望未来，随着宏观经济运转逐步走向以消费为主要拉动力，社会保障全覆盖的时代，中国的要素收入与消费支出平均有效税率将有望逐渐演变成与发达国家一致的常态。至于在税制改革方面，需要综合评价各种性质税收的扭曲作用大小，在一般均衡的框架下结合我国的实际情况具体分析。

附表 5 - 1	OECD 方法下财政收入分类代码
1100	对家庭或个人收入、利润、资本利得的征税
1200	对公司收入、利润、资本利得的征税
2000	社会保障缴款
2100	非独立就业人员的社会保障缴款
2200	雇主的社会保障缴款
2300	独立就业人员和失业者的社会保险缴款
2300	未分配的社会保障缴款
3000	工薪税
4000	财产税
4100	不动产的周期税
4200	净财富的周期税
4300	对房产、遗产、赠予的税收
4400	对金融和资本交易的税收
4500	其他对财产的非周期税
4600	其他对财产的周期税
5000	对商品和服务的征税
5100	对生产销售转移出租运送货物和提供服务征税
5111	增值税
5112	营业税
5113	其他对货物和服务的一般税
5120	对产品和服务的特别税
5121	消费税
5122	财政垄断收入
5123	关税和进口税

续表

5124	出口税
5125	对投资的征税
5126	对特别服务的征税
5128	对特别服务的其他征收
5200	对使用物品或者使用物品和特定行为的征收
6000	除了以上税基的全部税收收入主要包括一些罚金、费用等不能明确辨别为特定的税收

附表 5 - 2　　　　　　　　SNA93 国民收入和生产核算代码

EE	非独立的就业人数
ES	独立的就业人数
CP	私人最终消费
CG	政府最终消费
W	非独立就业人员的薪水
CoE	劳动者报酬
OS	经济中的净经营盈余
PIE	家庭部门的利息、股息、红利收入
OSPUE（mixed income）	非公司企业的净收入

附表 5 - 3　　　　　　我国财政收入按照 OECD 方法的分类表

类别	我国对应的科目
1000 对收入、利润、资本利得的征税	
1100 个人所得税	个人所得税农业税
1200 企业所得税	企业所得税
2000 社会保障缴款	
2100 雇员缴款	
2200 雇主缴款	基本养老保险缴费、失业保险缴费、基本医疗保险缴费、工伤保险缴费、生育保险缴费、其他社会保险缴费
2300 自由职业者缴款和失业人员缴款	
2400 未被分配的社会保障缴款	
3000 工薪税	

续表

类别	我国对应的科目
4000 对财产的征税	
4100 对不动产的周期税	城镇土地使用税、车辆购置税
4200 对净财富的周期税	
4300 对房产、遗产、赠予的税收	房产税
4400 对金融和资本交易的税收	印花税、契税
4500 其他对财产的非周期税	土地增值税土地出让金耕地占用税
4600 其他对财产的周期税	
5000 对商品和服务的征税	
5100 对生产销售转移出租运送货物和提供服务征税	
5111 增值税	增值税
5112 营业税	营业税
5113 其他对货物和服务的一般税	城市维护建设税
5120 对产品和服务的特别税	
5121 消费税	消费税资源税烟叶税
5122 垄断企业收入	国有资本经营收入
5123 关税和进口税	关税和进口税
5124 出口税	出口税
5125 对投资的征税	固定资产方向调节税
5126 对特别服务的征税	
5128 对特别服务的其他征收	
5200 对使用物品或者使用物品和特定行为的征税	国有资源（资产）有偿使用收入、专项收入、屠宰税、筵席税、船舶吨税、车船（使用）税，除土地出让金和社会保障基金外的政府性基金
6000 除了以上税基的全部税收收入	主要包括一些罚金、费用等不能明确辨别为特定的税收，在我国，行政事业性收费收入、罚没收入、彩票公益金收入属于此类

第六章

财政支出政策与扩大内需

如第三章理论分析部分所指出的，除财政收入政策外，财税政策影响国民收入分配格局进而影响总需求结构的更重要途径，是来自财政支出政策。财政支出政策中社会福利性支出增加居民部门收入，政府投资和政府消费则直接形成总需求。财政支出政策不仅能从总量上影响总需求，而且可以通过财政支出结构的变化，影响经济结构。

本章同样是首先遵照国际统一标准和口径，对中国财政支出总规模和结构进行新的测算。在此基础上，从国民收入分配格局和扩大内需视角分析当前中国财政支出政策存在的问题。同时，选择两类对国民收入分配格局和扩大内需影响最大的财政支出，社会福利性支出和政府投资支出，分别分析其存在的问题并提出改进的方向。需要指出的是，分析财政支出政策，不能仅仅从扩大内需视角展开，财政可持续性以及政府职能的履行程度同样值得关注。

一　中国财政支出的规模和结构

（一）财政支出的总体规模

财政支出规模与结构是政府职能的体现。了解中国财政收支规模的现状，存在一个突出困难，即中国的财政统计口径并未遵循 IMF 等国际组织制定的标准。长期以来，由于中国政府的财政行为较为复杂，财政统计口径以及公布的数据都与国际标准相差甚远，较为详细的数据往往仅限于公共财政收支。2007 年开始修订实施的《政府收支分类科目》按照 IMF（2001）的标准对政府收支的范围以及分类进行了界定，但公布的财政统计资料依然主要限于一般预算收支，而没有公布全口径的财政收支及其细节。总体上看，按照若干国际组织的标准，我国财政支出规模与结构的统计上，一方面未能全口径涵盖所有财政支出资金，另一方面在若干分类标准方面存在差异。

本节将结合多方面的统计资料，按国际标准对中国的财政支出进行全口径的考察，以此为基础讨论当前我国财政支出规模和结构的现状与存在的问题。

1. 核算财政支出规模的困难及解决办法

目前，我国财政部门公布的财政支出仅为公共财政支出，这并没有涵盖所有为行使政府职能所发生的财政支出，大量资金被排除在这一口径之外。为核算国际可比意义上的财政支出规模，首先要按照国际标准确立我国全口径财政支出。按照 IMF（2001）的《政府财政统计手册》，我国的财政支出至少应包含公共财政支出、政府性基金支出、预算外支出、社保基金支出。其中，预算外支出自 2011 年开始已全部纳入公共财政支出；政府性基金支出包含了土地出让金对应的支出；社保基金支出应仅包含针对企业职工的五项社会保险基金，针对居民的社会保险基金支出已核算在公共财政支出范围内。社会上普遍关注的国企利润，按照 IMF（2001）的界定，是公共部门而非一般政府部门的资金来源。当前我国的国有资本经营预算所对应的资金支出，并未分红到政府账户内，而仅在国有企业内部循环使用，因此本节未将其视为全口径财政支出的一部分。这与汪德华（2011）的处理是一致的。

以上核算的全口径财政支出均有对应的财政收入来源。除此之外，政府还可以通过举债的方式获取资金用于财政支出。在这方面，中央政府的国债或代地方政府发行的债务对应的支出已包含在公共财政支出之内，但21 世纪以来愈演愈烈的以地方融资平台为主体的地方政府性债务未包含在以上口径中。地方融资平台虽然一般以国有企业的形式存在，但其运转实质是行使政府职能而非企业行为，因此其每年的资金使用应包含在我国的全口径财政支出之内。

总之，我国的全口径财政支出应包含公共财政支出、预算外支出、政府性基金支出、社保基金支出、以地方融资平台为主体的地方政府性债务增量对应的财政支出五个部分。考虑到政府性基金包含的土地出让金数额庞大，且使用范围的性质较为复杂，本节将其独立出来处理。确立了全口径财政支出的口径，还需要注意不同类财政支出之间的重复计算问题：一是公共财政支出中每年有五项社保基金的较高补贴，本节将其从五项社保基金总支出中予以扣减；二是土地出让金支出的一部分要形成国有土地收益基金、新增建设用地土地有偿使用费、水利建设基金等政府性基金的一部分，这部分支出资金也应予以扣除。同时，土地出让金支出的一部分是用于对拆迁户的补偿，这部分资金不宜认定为财政支出。然而，在各年土地出让金支出中究竟多少比例用于上述类别的支出，缺乏可靠数据。为此，本书参考陈多长、洪丹萍（2012）对若干城市的考察以及土地出让金相关管理制度的出台时间，对土地出让金对应的财政支出采取简化的折算处理方法：2003—2006 年按其支出总额的 65% 折算为财政支出，2007 年和 2008 年两年按 60% 折算，2009—2012 年按 55% 折算。① 地方融资平台每年的增量是全口径财政支出的一部分，但目前没有政府机构公布这一数据，仅有审计署在 2011 年公布了 2010 年年末全国地方政府性债务余额，以及在 2013 年公布的 36 个地方政府 2012 年的债务余额。本节将利用审计署这两份审计报告所提供的债务余额数据以及历年的债务增长率数据推算每年的债务增量。

2. 财政支出规模核算结果

按照以上所列示的统计口径和核算方法，表 6－1 列出了 2003 年至 2012 年中国全口径财政支出的总额、各构成项以及总额占 GDP 的比重。从表 6－1 中可以看出，我国全口径财政支出的总额从 2003 年的约 4.2 万亿元逐年上升，到 2012 年已达约 17.2 万亿元，十年时间增长四倍有余。从各构成项看，公共财政支出、五项社保基金支出、土地出让金折算财政支出一直稳步增长，地方融资平台增量对应的财政支出在 2009 年前后变化很大，这几项构成全口径财政支出的主体部分。其中，公共财政支出占全口径财政支出的比重也稳步增加，已从 2003 年的 58% 上涨到 2012 年的 73%。从占 GDP 比重来看，我国的财政支出在 2008 年之前一直稳定在 31% 左右。到 2009 年，受全球金融危机的影响，我国出台了"四万亿"经济增长刺激计划，全口径财政支出比重跃迁到约 41%，2010 年依然维持在 37% 的高位，到 2011 年、2012 年又快速回落到 33% 的水平。

---

① 陈多长、洪丹萍：《我国土地出让金支出结构及其问题》，《技术经济》2012 年第 7 期。

表6-1　　　　　中国2003—2012年全口径财政支出规模估算　（单位：亿元,%）

年份	公共财政支出	预算外支出	政府性基金支出	五项社保基金支出	土地出让金折算财政支出	地方政府性债务增量	全口径财政支出	全口径财政专业占GDP比重
2003	24649.95	4156.36	2138.62	3446.40	3523.85	4424.72	42339.90	31.17
2004	28486.89	4351.73	2511.98	4036.87	4167.91	4661.84	48217.23	30.16
2005	33930.28	5242.48	2936.23	4732.70	3824.48	5888.84	56555.00	30.58
2006	40422.73	5866.95	3496.13	5516.99	4606.13	7438.78	67347.72	31.13
2007	49781.35	6112.42	3681.41	6776.83	7290.00	9396.67	83038.68	31.24
2008	62592.66	6346.36	5261.07	8481.10	6225.00	10589.08	99495.27	31.68
2009	76299.93	6228.29	4371.65	10525.87	7680.20	34481.64	139587.58	40.95
2010	89874.16	5754.69	7675.08	12843.58	16010.47	17005.88	149163.86	37.15
2011	109247.79	—	10222.71	15720.52	17127.23	6934.22	159252.47	33.66
2012	125952.97	—	7650.85	17086.69	14680.34	6934.22	172305.06	33.18

　　备注：表中公共财政支出等数据分别来自历年《中国财政年鉴》或历年全国人大会预算报告。土地出让金财政支出部分单独核算，未包含在政府性基金支出之内，且在不同时间段内按不同比例对其总支出折算所得。五项社保基金支出按《人力资源与社会保障年鉴》公布的支出数据扣除当年公共财政补贴核算。地方融资平台债务增量按审计署2011年第35号公告、2013年第24号公告数据推算所得，其中2011年、2012年是用36个地方政府债务余额的年度平均增速作为全国增速。

　　从估算的结果来看，过去十年中我国财政支出规模增长较快。一般来说，衡量财政支出规模较为合适的指标是财政支出占GDP的比重。按照这一指标，我国财政支出规模过去十年均超过30%，近年来维持在33%以上，这较为接近发达国家财政支出规模较低国家（如韩国、美国等）的水平。另外一个突出特征是波动较大，主要表现在受2009年出台刺激性政策的影响，财政支出占GDP比重从2008年约32%跳跃到2009年的约41%。另外，在全口径财政支出中，通常所说的公共财政支出只是其中的一部分，社保基金支出、土地出让金对应的支出、政府性基金支出都是其中的主要部分。尤为值得关注的是地方政府性债务增量，其对于财政支出规模波动的影响特别大，反映出我国常规的财政管理制度无法有效监管这部分支出。

（二）财政支出结构

1. 比较分析财政支出结构的方法

财政支出结构反映了对应各项政府职能在国家政策体系中的优先程度。目前中国财政支出结构面临两个困难，一是财政支出的分类方式与国际标准有所差异，二是有详细支出分类数据的仅限于公共财政支出，其他类财政支出未涵盖在内。这种状况导致无法将中国财政支出结构与其他国家直接进行对比。本节主要是尝试按 IMF 等国际组织的财政支出功能性分类标准，对中国财政支出数据进行分类调整以核算新的国际可比财政支出结构，并将其与若干 OECD 成员国加以比较。

OECD 组织公布的各成员国财政支出功能分类，按照 IMF（2001）的标准共 10 类，分别为一般公共服务、国防、公共秩序和安全、经济事务、环境保护、住房和社区设施、医疗保健、娱乐文化和宗教、教育、社会保障。而按照中国公布的 2012 年全国财政支出决算数据，公共财政支出功能有 23 大类。其中部分可以按照 IMF（2001）的标准直接加总起来，如农林水事务、交通运输、工业商业和金融等事务三类可加总为"经济事务"，中国的一般公共服务和外交可加总为 OECD 的一般公共服务。但还有科学技术、地震灾后恢复重建支出、其他支出三类在 OECD 组织数据中没有对应项，一些大类中的具体项也需要按照 IMF（2001）的分类标准予以调整。具体如下述。

"商贸事务"应该分别归属于 OECD 标准的"一般公共服务"和"经济事务"。具体来说行政运行、一般行政管理事务、机关服务、事业运行和其他商贸事务支出归属于"一般公共服务"；对外贸易管理、国际经济合作、外资管理、国内贸易管理、招商引资归属于"经济事务"；"外交"这一大类全部划归 OECD 标准的"一般公共服务"；中国单独分类的"国债付息支出"与 OECD 标准"一般公共服务"中的"公共债务交易"是相对应的，因此应划归 OECD 标准的"一般公共服务"；中国支出分类中将"金融监管等事务支出"单独划分为第十六类，但是根据 OECD 标准，应该将"金融监管等事务支出"划归"一般公共服务"。

中国分类中第六大类"科学技术"中的"基础研究"应划分至 OECD 标准的"一般公共服务"；除了基础研究，在 OECD 的分类中每一大项中都会有一项是关于从事同该项目有关的应用研究和试验性开发支出项，由此我们简化分类将"科学技术"中除了"基础研究"的剩余各项平均分配到十种分类中。

中国的分类中第十二类"农林水事务",第十三类"交通运输",第十四类"资源勘探电力信息等事务",第十五类"商业服务业等事务",第十九类"粮油物资储备事务"这五项根据 OECD 标准,应该全部归入"经济事务"中。中国的分类中第八类"社会保障和就业"划归 OECD 标准的"社会保障";"城乡社区事务"和"住房保障事务"划归 OECD 标准的"住房和社会福利"。

中国的分类中第十七类"国土资源气象等事务"是指政府用于国土资源、海洋、测绘、地震、气象等公益服务事业方面的支出。这一项比较复杂,涉及 OECD 标准的"经济事务""公共秩序和安全""环境保护"这三项,为了简化分类,将该项平均分配到 OECD 标准的这三项中。

中国分类中的"地震灾后恢复重建支出"是中国独有的,无法直接与 OECD 标准进行对应。但是每一类支出的用途是清楚的,因此可以逐项将其分配到 OECD 的十类中。比如,"倒塌毁损民房恢复重建"可归入"住房和社区设施"中;"公路、铁路路网、水利工程、市政道路、桥梁的恢复重建"可以归入"经济事务"中;等等。"其他支出"在十类功能中平均分配。

2. 一般公共财政口径的财政支出结构

表 6-2 是按照上述方法重新核算的 2012 年中国财政支出结构以及与部分 OECD 成员国 2010 年数据的比较,其中中国 1 仅限于公共财政支出,中国 2 将社保基金的支出包含在内。[①] 从表 6-2 可见,不同发达国家的财政支出结构有所差异,但共性还是很明显。经济事务支出比重均不超过 10%;住房和社区设施对应的基础设施建设比重在 2%—3%,德国和北欧国家在 1% 左右;环境保护和文化体育传媒已是政府的重要职能,但财政支出比重不高;政府支出的重点是医疗卫生、教育、社会保障就业这些社会事务,欧洲国家和日本均在 70% 左右,美国也接近 60%,其中美国的医疗卫生和教育支出比重较其他发达国家更高,但社会保障就业支出比重

---

① 白重恩、汪德华、钱震杰(2010)曾用类似方法对中国 2008 年的数据做了核算,并将其与 OECD 国家 2007 年数据进行比较,所得结论与本书类似。参见《公共财政促进结构转变的若干问题》,《比较》2010 年第 48 辑。

较低。其原因在于,美国的养老保障体系较为依赖企业,而其医疗卫生总费用远超其他发达国家。

表6-2　　　　　　中国与OECD成员国财政支出结构比较①　　　　（单位:%）

支出分类	中国1	中国2	美国	法国	德国	英国	日本	北欧三国	转型三国
一般公共服务	13.49	11.48	11.7	12.21	12.84	10.56	11.5	12.19	14.14
国防	5.85	4.98	11.94	3.72	2.32	5.37	2.2	2.93	2.59
公共安全	6.63	5.64	5.39	3	3.36	5.18	3.2	2.26	4.19
经济事务	22.82	19.41	9.6	6.02	9.89	6.18	9.6	8.13	13.03
环境保护	3.33	2.84		1.77	1.47	1.99	2.9	0.99	1.68
住房和社区设施	11.31	9.62	2.34	3.36	1.47	2.58	1.96	1.19	1.69
医疗卫生	6.29	9.10	20.84	14.16	14.95	16.33	16.95	14.89	13.10
文化体育传媒	2.34	1.99	0.7	2.65	1.68	2.19	0.98	2.64	3.23
教育	17.41	14.81	15.69	10.62	9.05	13.74	8.84	13.42	11.53
社会保障就业	10.53	20.15	21.55	42.65	43.16	35.66	42.26	41.41	34.87

注:北欧三国分别为瑞典、丹麦和挪威。三个转型国家分别为匈牙利、捷克和波兰。在合并时均采用了先计算各国财政支出比重,然后简单平均计算的方法。"中国1"按照专栏1中所示,将中国2012年公共财政支出决算数据按照OECD的分类方法重新分类,使之能够进行比较。"中国2"除对公共财政支出进行重新分类之外,还将社会保险基金支出纳入财政总支出中。具体方法是利用《2012年度人力资源和社会保障事业发展统计公报》中的资料,将城镇基本医疗保险支出分配到"医疗卫生"项中,剩余的社会保险支出扣除公共财政对社会保险基金的财政补贴,分配到"社会保障和就业"项,再计算各个功能分类的比重。

数据来源:作者核算所得。

将发达国家、转型国家与我国进行比较,可以获得很多有价值的信息。与OECD发达国家相比,当前我国财政支出具有明显的重经济建设,轻社会福利支出的特点。从表6-2的数据来看,社会保障和就业、一般公共服务、医疗卫生、教育是OECD各成员国财政支出的主要项目。而我国的经济事务(包括农林水、交通、工商金融等项目)支出比重异常高,远超OECD诸国。在仅考虑公共财政支出的情况下,我国的经济事务比重

①　感谢对外经贸大学张洁溪的研究协助。

约为23%。即使是与中国类似从计划经济向市场经济转型的匈牙利、捷克、波兰3国，这一比重也仅为13%。与之对照，以基础建设为主的住房和社区设施，中国的比重也大约是其他国家的三倍。综合这两方面的情况来看，即使仅以公共财政支出为考察对象，我国的经济建设支出比重远超OECD诸国，达到30%以上。另外，我国的医疗卫生支出比重较其他国家显著低。当然，仅以中国公共财政支出核算的财政支出结构与OECD国家比较有不合理之处，典型的如未将五项社会保险基金的支出核算在内，而OECD的数据均包含了这部分支出。"中国2"将五项社会保险基金的支出计入社会保障与就业的支出中，但如表6-2所示，此时我国的经济事务支出和城乡社区事务支出的比重，依然远超OECD诸国，而医疗卫生支出较OECD国家显著较低，总体上在其一半左右。社会保障和就业支出的比重接近于美国，但与其他国家相比差距较大，如与转型3国的差距也在近15个百分点。

3. 全口径财政支出结构

以上分析尚未包含全口径的财政支出，而是将大量政府性基金（包含土地出让金）、地方政府债务的支出排除在外。表6-3将2012年中国全口径财政支出涵盖在内，估算财政支出结构。由于公共财政之外的财政支出数据无法获得细分数据，表6-3中按第一节所示，将IMF分类中的十项功能分类，归结为基本政府职能支出、经济建设支出、社会福利性支出三大项。对公共财政、社会保险基金之外的支出，按其具体性质，表6-3将政府性基金中如地方教育附加费支出、彩票公益金支出等归到社会福利支出，其他计入经济建设支出；土地出让金支出与地方政府性债务支出的10%计入社会福利支出，其他计入经济建设支出。如表6-3所示，按照全口径财政支出来分析，我国的经济建设支出（经济事务和城乡社区事务）比重为38.67%，远高于OECD成员国中发达国家10%左右的水平，也高于转型3国14.72%。而医疗卫生、社会保障就业、教育等社会福利支出的比重为40.51%，较OECD成员国60%—70%的比重低20个百分点以上。需要注意的是，以上结论是以2012年全口径财政支出的数据核算的结果，如以2009年或2010年地方政府性债务规模庞大时的数据来核算，则我国财政支出的经济建设色彩更为严重。在基本政府职能支出比重方面，我国的数据与OECD成员国较为接近，没有明显差异。其中美国的基本政府职能支出高达29.03%，主要是其担当"世界警察"的角色，国防支出较高所致。

表6-3　　　　中国全口径财政支出结构及与 OECD 国家的比较　　　（单位:%）

支出分类	中国	美国	法国	德国	英国	日本	北欧三国	转型三国
基本政府职能支出（一般公共服务、国防、公共安全、环境保护）	20.81	29.03	20.7	19.99	23.1	19.8	18.37	22.6
经济建设支出（经济事务、住房和社区设施）	38.67	11.94	9.38	11.36	8.76	11.56	9.32	14.72
社会福利性支出（医疗卫生、文化体育传媒、教育、社会保障就业）	40.51	58.78	70.08	68.84	67.92	69.03	72.36	62.73

数据来源：作者根据表6—1、表6—2 数据及其详细核算资料计算所得。

　　总结来看，表6-2 和表6-3 按不同口径财政支出结构进行比较的结果显示，发达国家当前财政支出体现的政府职能主体是教育、医疗卫生和社会保障就业等各项社会福利事业，而我国的重点依然是经济建设事务。我国各项社会事业的支出比重近些年来已经大幅增加，但与发达国家比较差距依然明显。这从国际比较的角度反映我国财政支出的经济建设色彩较为突出，社会福利性支出却存在不足。

（三）主要问题

　　在成熟的市场经济国家，市场应作为资源配置的基础方式。但市场经济的良性健康发展，需要政府履行好保护财权权利、维护市场秩序，履行市场监管职能；提供基础设施等公共品，促进经济良性发展等职能；需要政府集中财力发展教育、医疗卫生、社会保障等社会事业，发挥收入再分配职能。[①] 而财政支出是政府履行其职能的基础和直接体现。从发达国家历史来看，其政府职能以及财政支出在不同的历史时期侧重点有所差异，到 20 世纪 80 年代之后逐步趋于稳定。在 20 世纪初期，各国的公共支出水

---

① ［美］费希拜克：《美国经济史新论：政府与经济》，中信出版社 2013 年版。

平均非常低，因为那时越小的政府被认为越好，政府的职能主要限于社会管理和社会秩序的维持；在经历了一战、二战导致的高支出之后，60年代各国普遍开始强调政府的收入调节及经济稳定功能，各主要工业国家的财政支出水平大幅上升，并由此形成了福利国家的基本特征；但70年代的经济滞胀让人们开始重新思考政府职能的边界与程度。① 到今天，面向民生的社会保障类支出已成为发达市场经济国家的财政支出主体。随着社会保障制度的逐步健全，许多国家财政在社会保障上的负担越来越重，又对经济社会发展带来诸多负面影响。尤其是近些年来发达国家政府债务危机表明，社会保障制度的改革，是现代市场经济国家不得不面对的突出难题。

以上核算结果表明，与发达国家财政支出历史演变路径相比较，当前我国财政支出领域存在的主要问题表现在：经济建设性支出比重过高，社会福利性支出比重较低且制度设计碎片化严重，降低行政成本的社会期望很高。单纯分析公共财政支出资金，我国经济建设性支出比重已大幅下降，社会福利性支出比重上升很快。但以土地出让金为主体的政府性基金、地方融资平台资金基本上都属于经济建设性支出，因此以全口径综合考察经济建设性支出比重近40%，远超发达国家10%左右的比重；社会福利性支出比重约40%，远低于发达国家60%—70%的比重。社会福利体系近年来发展很快，但制度设计碎片化现象严重，尤其是对于高达2亿以上流动人口的公共服务提供缺乏系统性安排，阻碍了新型城镇化战略的顺利推进。未来以基本公共服务均等化为主要内容的改善民生的压力依然很大，现有社会福利体系的成本控制与激励导向考虑不足，财政可持续性需要特别关注。除此之外，社会对于"三公消费"等问题的高度关注表明，需尽快避免铺张浪费、降低行政成本。

二　社会福利支出领域的问题与改革思路

社会福利领域对应与财政支出，主要涉及社会保障、医疗卫生、教育三大块，我国常将其称之为社会事业。在三中全会《中共中央关于全面深

---

① ［美］维托·坦齐、［德］卢德格尔·舒克内希特：《20世纪的公共支出：全球视野》，胡家勇译，商务印书馆2005年版。

化改革若干重大问题的决定》的第十二部分"推进社会事业改革创新"，对这一问题提出了诸多改革的要求。在发达国家，这一领域的支出是其财政支出的主体，且日益成为其财政管理与控制政府债务的挑战。我国适应于社会主义市场经济的社会福利体系建设起步不久，但目前该领域的财政支出也已占到全口径财政支出的近40%。展望未来，如同发达国家经验所显示的，社会福利领域的财政支出必将成为主体部分，其改革的压力也将倍增。

（一）中国社会福利体系的发展成就

中国适应市场经济的社会福利体系自20世纪末开始启动以来，在2000年以后取得了长足的进步。可以说，过去十年是中国社会福利体系发展最快的时期。这主要表现在：

一是社会福利体系的制度覆盖范围从正规部门就业人员，扩展到非正规部门就业人员，再扩展到非就业人员，基本上对各类群体都作了相应的制度安排。从而在实现各个福利项目人群制度全覆盖方面迈出了重要步伐。各类福利项目的实际覆盖率也大幅提高。如城镇职工基本养老保险的覆盖率从2000年的45%上升到2010年的62%，城镇职工基本医疗保险的覆盖率从2004年的34%上升到2010年的57%。

二是社会福利体系的福利项目也从最基本的养老保障和医疗保障扩展到生活的各个方面，涉及教育保障、就业保障、住房保障和基本生活保障等，为人民生活提供了较为全面、较为系统的保障。近年来，农村的社会福利制度发展尤为迅速，福利项目不断增多，为农村居民提供了越来越多的保障。

三是与就业人员相比，非就业人员的社会保障制度起步较晚，但扩面较快。2003年，国家开始试行新农合制度，2010年新农合的覆盖率已达96%，只有4%的农村居民未被纳入。2007年，国家开始试行城镇居民基本医疗保险制度，到2010年，城镇居民基本医疗保险的覆盖率已从2007年的14%上升到55%，虽然只覆盖了一半的城镇非就业居民，但其增长速度极快，今后几年内有望实现全覆盖的目标。

四是绝大多数社会福利项目的保障水平有所提高。如2009年，城镇职工基本养老保险的月人均养老金水平从2000年的556元增加到1276元；新农合的年人均支出水平从2004年的35元增加到2009年的122元；农村医疗救助的人均救助水平从 2005 年的 67 元增加到 2009 年的 135 元；城市低保的月人均补助水平从 2000 年的 45 元增加到 171 元，占人均可支配收入的比重从 8.7% 上升到 12.0%，农村低保的月人均补助水平从 2000 年的 10 元增加到 101 元，占人均纯收入的比重从 5.4% 上升到 23.5%。

五是财政对社会福利的支出不断增加，建立了一些非缴费型的福利项目，如城乡低保、医疗救助和高龄津（贴）等，也对一些缴费型的福利项目进行补贴，如城镇居民基本医疗保险、新农合、新农保、就业培训和保障性住房等。另外，国家还将义务教育纳入财政预算，为城乡学龄人口免除学杂费，提供真正免费的义务教育。当然，虽然财政社会福利支出的绝对水平逐年增加，但其占财政总支出的比重仍然较小。

（二）社会福利支出领域的问题

1. 人群间差异依然存在，但差距在逐步缩小

由于我国社会福利体系的建设采取的是逐步推进的战略，因此人群间的差异始终是个重要问题。讨论中国社会福利体系的"适度"问题，特别需要关注的是不同人群福利水平的差异问题：一些人群的福利水平可能较高，而另一些人群的福利水平却非常低。单纯地以平均水平来衡量，可能会掩盖人群间存在较大差异这一事实。

2003 年之前，我国的社会福利体系的建设主要集中在城镇职工群体，因此人群之间的差异巨大。但以 2003 年新农合的启动为标志，近些年来以农民为代表的居民福利项目大大扩展，这也使得人群间的福利差异开始缩小，社会福利体系的普惠性开始显现。当然，即使取得这些进步，一些福利项目的不同群体的待遇存在较大差异。在城市内部，公职人员与企业职工的待遇存在差异，就业人员与非就业人员的待遇也存在差异。同时，城乡之间的差异也较为明显。如图 6-1 所示，我国的城镇职工和农村居民的医疗保障水平差距一直较大，在 2004 年前者是后者的 20 倍。但随着新农合的大力推广和保障水平的提高，到 2010 年城镇职工医疗保险的福利水平仅为农村居民的 7.5 倍。虽然两者之间的差距依然较大，但缓解的趋势非常明显。当然，如考虑到城乡医疗服务价格的差异，两者间的实际差距也没有数字显示的这么大。

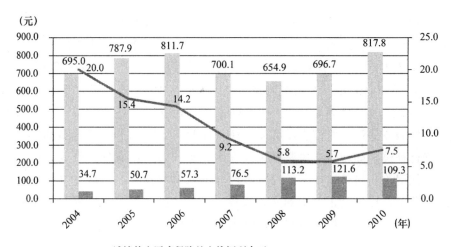

图 6 - 1　　2004—2010 年城市与农村的医疗保险人均福利水平比较

数据来源：作者根据《中国社会统计年鉴 2010》、《2010 年我国卫生事业发展统计公报》、《劳动和社会保障事业发展统计公报》（2004—2007 年）、《人力资源和社会保障事业发展统计公报》（2008—2010 年）等资料的数据计算所得。

具体分析这种差距分为两个方面：一是福利待遇，二是一般预算对不同人群的补贴。在福利待遇方面，目前公职人员的养老、医疗福利待遇均最高，在职职工次之，居民尤其是农村居民最低。可以说，公职人员的养老、医疗等福利水平非常高，这在国际上也有其先例，但各国要求改革的呼声也非常强。从财政补贴的角度来看，由于城市非就业人员和农村居民的收入较低且不稳定，所以在他们的社会保障项目中，如城镇居民社会养老保险、城镇居民基本医疗保险、农保、新农合等，都是财政补助占资金来源的绝大部分，而个人缴费只占极少部分。这与城市就业人员的情况恰好相反，他们福利待遇中财政补助只占很小的比重。同时，从非缴费型的社会救助制度来看，虽然农村居民的人均绝对救助水平低于城市，但其相对救助水平高于城市。由于城乡经济发展程度和人均收入水平存在较大差异，因此我们不能只看福利待遇的绝对水平，而忽视相对水平。评价福利水平的高低，要综合考虑多种因素。随着经济的发展，福利体制机制的理顺以及财力的加大投入，以发展的眼光来看，这种人群间的福利差距也将逐步缩小。

2. 社会福利体系目标模式有待明确

观察近十年来中国社会福利体系的建设历程，一个典型的特征是各类福利项目的覆盖面大幅扩展，取得了明显的进步。然而由于我国尚处于发展中国家阶段，非正式就业人口规模庞大，再加上城乡分割的管理体制，为尽快达到广覆盖的目标，不得不针对特定人群出台不同类型的福利项目，造成社会福利体系严重割裂的局面。加上我国目前处于城乡流动人口规模庞大的时期，这种严重割裂的社会福利体系也造成了严重的问题。例如，截至2010年年底，参加基本养老保险的农民工为3284万人，占全国农民工总量的14%；参加医疗保险的农民工为4583万人，占全国农民工总量的19%。此外，农民工中参加失业保险和工伤保险的比例分别为8%和26%。因此，绝大部分农民工仍未被纳入职工社会保障体系，并未被视为城镇职工。与此同时，大量农民工参加了针对农村居民的养老、医疗福利项目，部分还被迫两者同时参加。由于长期以来教育福利采取以户口所在地分配责任的方式，流动人口子女教育福利的提供责任及其资金没有明确，规模庞大的流动人口的子女教育也造成了严重的社会问题，影响深远。

总体而言，短期内为提高社会福利项目的覆盖面，采取这种分割的社会福利体系有其必要性。但从流动人口规模庞大的现实国情来看，亟须有明确的未来目标模式，改变以户籍来识别福利项目适用人群的做法，以提高其实际效果。

3. 应对老龄化冲击的福利项目不够丰富

我国目前已经进入老龄化社会，且老龄化的速度非常快，这要求老年福利得到更快的发展。经过十余年的努力，目前我国在制度上已经具备养老保险全覆盖的条件，且有望在"十二五"时期真正实现"全民皆年金"。然而，目前居民养老保险保障水平较低，保障体系割裂等问题尚需进一步深化改革加以解决。更为重要的是，我国的老年福利项目尚不够丰富，不能适应老年人的现实需求。典型的如缺乏发达国家常见的老龄照护保险，养老服务业的发展尚跟不上需求等。

4. 人力资本投资型福利项目不够完备

从发达国家以及巴西等国的经验来看，近年来高度重视人力资本投资型福利项目的发展，也取得了积极的效果。与之对比，我国已实现九年制免费义务教育，近年来已大规模启动积极就业政策，近期也开始每年耗费数百亿人民币以推动贫困地区中小学生营养补助计划，但有待补充的环节还很多。以贫困家庭儿童营养健康为例，福利关怀应当从怀孕期间开始直至儿童发育期，目前在整个链条中唯一开始推行的仅有学龄儿童免费午餐计划；以免费义务教育为例，目前主要管理体制以户籍为主要依据，对于数千万的流动人员子女缺乏特别的关怀计划。

总体来看，通过促进经济快速增长，规模较大的区域开发性扶贫资金，我国已经取得大量贫困人口快速脱贫的不俗成就，城乡低保的广泛覆盖，也使得部分贫困人口的基本生活得到维持。然而一些成本较低，着眼于提前打断贫困链条的人力资本投资型福利项目明显不足，应当成为未来发展的一个重点。

5. 福利项目的激励机制设计不足

应当说，我国各项福利项目的制度设计都高度重视内在的激励机制设计，然而受限于现实国情以及其他政策目标，至少从执行层面来看，这种内在激励的效果体现得并不明显。主要表现在：一是职工养老保险提前退休现象非常严重。在法定退休年龄远低于发达国家的基础上，多数地区未达法定退休年龄提前退休比例高达30%以上。二是虽高度重视医疗服务机构的内在管理，但"大处方""以药养医"等低效率现象依然严重。三是在城乡低保领域，目前保障人群中大约超过30%具有劳动能力，近期还出现低龄化趋势。四是针对中低收入人群的专项救助以及城乡低保，都存在极为严重的"退出难"问题。未来的公租房管理，将会更为明显地受到这方面的压力。五是促进就业领域支出力度越来越大，如何更为充分地发挥出资金效率尚有不小的挑战。

出现这些问题，有中国特殊国情的因素。例如养老保险担负着部分济贫的功能，如部分提前退休人群依然会继续工作，只不过提前退休可以帮助低收入人群获取两份收入来源；例如我国的城乡低保，还担负着维持社会稳定，安抚特定人群的功能，实践中无法完全遵循按收入水平确定保障人群的原则。为此，未来的改革应在逐步分离这些社会福利项目多重目标的基础上，将其自身难以承担的功能剥离到其他社会福利项目，再来重视其激励机制设计问题。

（三）社会福利领域的改革思路

在社会福利领域，三中全会的《决定》强调了发展社会福利事业对调节收入分配、促进社会公平的重要意义。对教育领域，《决定》强调改革应侧重于如何提高教育的绩效和保障教育公平；对社会保障提出建立"更加公平可持续的社会保障制度"的要求；对医药卫生领域侧重于深化并积极推进已有的各项改革措施。从财政角度看，按照《决定》指引的方向，下一步改革应特别注意社会福利事业的公平、效率和可持续性。

1. 继续大力推进社会福利体系的广覆盖

社会福利体系的广覆盖，既有利于实现社会发展成果的全民共享，又有利于降低居民的生存风险，进而促进其消费，从而达到扩大内需的政策效果。在当前我国经济发展较快，转变发展方式的诉求较为强烈的时期，继续大力推进社会福利体系的广覆盖应是首要选择。广覆盖一方面是现有福利项目的人群广覆盖，另一方面是查漏补缺，增加若干可持续发展、有积极意义的福利项目。在具体措施上，应坚持目前低水平起步，逐步探索机制，提高待遇水平和统筹层次的做法。

2. 以筹资为基础，以可持续为原则，合理确立不同人群社会福利项目的待遇水平

总体看来，当前我国社会福利体系的保障水平与经济发展水平相适应，是适度的。与发达国家相比较，我国大部分社会福利项目的水平还较低，未来随着经济的持续发展，社会福利体系的待遇水平也应进一步提高。但也应注意，并充分吸取发达国家社会福利体系发展历程中的经验教训，以适度为原则合理确立社会福利项目的待遇水平。针对我国不同人群福利待遇水平差距较大的现实，应避免民粹主义思维，盲目重视福利待遇水平的平均，而不充分考虑其背后的筹资问题。正如《决定》所要求的，应"建立健全合理兼顾各类人员的社会保障待遇确定和正常调整机制"。未来政府应在测算财力平衡的情况下，适度采取"逆向公平"的思维，明确确立给予各类群体的福利项目财政补贴标准。所谓逆向公平，即是对弱势群体给予更多的财政补贴，对于中高收入群体则不给或少给财政补贴。

目前需要高度关注的，一是对于养老、医疗方面的社会福利项目，重要的是加强长期预测，将短期内的政策调整与体系的长期资金平衡前景结合起来考虑，对于需要一般财政予以补贴的程度有明确的提前预判。以养

老保障为例，由于其是一个长期的资金配置问题。任何一个当期的政策，往往会产生长远的影响。因此，养老保障领域的管理必须有长期视野，坚持精算平衡原则，政策的制定和调整必须考虑到其长远影响。而这一点正是当前我国各级政府部门较为缺乏的认识。各级政府的社保部门所关注的重点，往往是当年的资金收支问题，很少关心养老保障领域的长期资金平衡问题。在这方面，美国的养老保障管理提供了很好的榜样。美国自从其养老保障体系产生之初，就坚持定期预测体系的长期前景。其所发布的报告，向全社会和政府部门展示了养老保障体系所存在的问题，最终多次主动进行政策调整，未雨绸缪，从而使其体系出现资金缺口的时间一再推迟。我国也应坚持推广这一做法，将短期的政策调整、针对未来的政策建议，都与其资金前景结合起来。

二是社会救助类福利项目的支出水平。中国是一个发展中国家，从人均国民收入水平看，现在还只是下中等收入国家。基于这样的基本国情，中国社会救助和福利支出的标准不可能跟发达国家相提并论，盲目攀比更是要不得。对于社会救助来说，其基本目标是满足困难群众的最低生活需求，应对生存危机。发达国家的高福利支出已经给他们带来了很大的财政压力，财政不堪重负已经逼着各国在积极探索福利改革新思路；世界上目前还没有找到能够克服"养懒汉"、解决福利依赖的有效办法，将社会救助标准设定在最低生活需求水平，也是为了充分发挥社会救助制度自动筛选机制的功能。

三是需要合理确定补充出台的人力资本投资型社会福利项目的支出水平。在这方面，首先应充分考虑财力的可持续性；其次是注重推广低成本且安全有效的福利项目；再次是优先侧重贫困人口，在此基础上再逐步扩大范围，成为普惠制的制度安排；最后是需充分发挥民间慈善组织的积极作用，鼓励他们扩大慈善范围，探索福利机制。

3. 加快推进各类社会福利项目之间的体系整合

针对当前我国社会福利体系相互割裂的状况，构建适度社会福利体系尤其要重视顶层设计，加快推进各类社会福利项目之间的体系整合。《决定》提出，2020年之前应做到"整合城乡居民基本养老保险制度、基本医疗保险制度。推进城乡最低生活保障统筹发展"。从长期来看，还应实现社会保障制度覆盖的全民统一。

一是不同社会保险体系之间的整合。当前我国尤其是以城乡为界限，针对不同人群出台不同的社会福利项目，随着城市化进程的加快，最终需要将其整合起来。从顺序上看，首先应启动的是不同社会保险项目之间的自由转续，缴费记录和待遇水平持续计算；其次是应明确农民工参加社会保险的具体思路和长远规划，改变目前较为含糊的状况，同时要充分考虑其职业特点和参保利益；再次是将城乡居民养老保险、城乡居民医疗保险整合为统一的居民养老保险、居民医疗保险。由于目前财政对各类居民养老保险、医疗保险补助力度大体差不多，未来仅需适用城乡居民不同的支付能力和福利需求，设置多档缴费水平供城乡居民自行选择，因此整合起来难度不大；最后是应考虑将居民类社会保险与职工类社会保险相互整合，可以考虑以家庭为单位，对职工的缴费水平设置多档次，允许其携带家庭人口享受一定的福利待遇。对不能满足这一条件的，可以作为职工社会保险的特例，设置相应的缴费水平和待遇水平。推行这一领域的改革，应同步实现社会福利领域政府管理机构的大部制改革。

二是同一社会保险福利项目统筹层次的提高。当前各类医疗保险大多以县（区）为单位，养老保险在福利待遇上以省、地级市为单位，部分地区资金责任甚至还是以县（区）为单位，这种状况不利于社会保险福利项目的持续发展，需要借鉴国际经验加快转变。统筹层次的提高，基本目标均是实现全国统筹，次序上应优先考虑养老保险，其次是医疗保险；核心困难是地方政府之间的筹资责任分担与激励问题，对此应有针对性的考虑和专门设计。

三是中国目前的社会救助体系具有一方面项目繁多、管理分散，另一方面救助体系与社会保险体系等协调衔接不够等客观现实，中国推进社会福利体系建设的重要步骤之一就是全面梳理社会救助项目和社会保险项目，在整合和调整相关项目的基础上，实现两大体系的有效对接和共同发展，具体来说包括：将"无生活来源、无劳动能力、无法定抚养义务人"的"三无人员"和"五保户"，作为社会救助的首要对象；对于有劳动能力人员的救助，可以考虑通过政府补贴的方式，将这部分救助对象纳入社会保险体系中去，实现社会救助与社会保险的有效衔接。其中，最低生活保障可以与失业保险相衔接（便于实现社会救助与就业联动），临时医疗救助与医疗保险相衔接，住房救助与住房保障相衔接；同时，还可以通过为他们缴纳养老保险，将他们纳入养老保险体系。通过这两个体系的梳理和整合，既简化了社会救助体系的项目内容、减少了管理和协调成本，又可以将社会救助与社会保险有效衔接起来，一方面可以充分发挥社会保障体系的整体保障功能，另一方面也为大部制式管理的推行奠定基础。

4. 加快建设适应老龄化冲击的老年福利体系

对应于我国老龄化速度越来越快的局面，大力发展并丰富老年福利体系的任务越来越迫切。《决定》提出，要"加快建立社会养老服务体系和发展老年服务产业"。实现这一目标还需要大力探索具体的制度设计。除此之外，还可考虑探索出台长期照护保险项目。

一是根据国情，合理选择养老服务的模式。主要依赖正规养老服务的模式，会对公共财政造成巨大压力，我国现有财力也不支持采用这一模式。而主要依赖非正规养老服务的模式，不能充分地满足老年人对养老服务的差异化需求。相比之下，兼顾正规与非正规养老服务、坚持"两条腿走路"的模式更为可取。正规养老服务与非正规养老服务的互促互助，既丰富了老年人选择养老服务的内容，又减轻了养老服务对公共财政的依赖度，是值得我国借鉴的、比较科学的养老服务模式。

二是循序渐进，逐步推广养老服务。根据 OECD 国家的经验，养老服务并非一开始就实施全覆盖。由于能够提供养老服务的人力资本、机构和资金均有限，一般的做法是先覆盖高龄人群，尤其是低收入的高龄女性人群。然后，随着社会提供养老服务能力的增强，逐步扩大其覆盖率。我国发展养老服务也应遵循上述规律，可先覆盖 80 岁以上的老年人，重点是将 80 岁以上的低收入女性纳入养老服务，然后再视条件的变化逐步提高养老服务的覆盖率。

三是政府引导，市场为基，发展多样化的养老服务体系。OECD 国家的经验告诉我们，老年人对养老服务的需求并不具有同一性。不同国家、不同收入水平、不同性别、不同文化的老年人对养老服务的需求，均存在较大差异。为了更好地满足差异化的养老服务需求，应保证养老服务的制度设计具有充分的弹性，并尽可能多地给予老年人选择不同养老服务的自由。同时在增强养老服务供给能力方面，应综合运用税收政策，直接投入，加强公益培训等多种措施，形成公立养老机构、私营非营利养老机构、私营营利性养老机构、小时工型专业养老服务人员、居家托养等多种模式，形成一个统一协调、丰富多样的养老服务体系。

四是出台长期照护保险，构建制度平台，实现养老服务的可持续发展。结合 OECD 国家的经验，一般都将养老服务纳入长期照护保险项目（long – term care system）。这是因为，长期照护计划既涵盖了老年人对养老服务的大部分需求，又可与缴费型社会保险（比如医疗保险）相结合，以缓解养老服务的资金压力及其对公共财政的依赖。这意味着，在人口老龄化问题日益突出的未来，纳入长期照护保险项目的养老服务既能满足社会的养老需求，又能通过与其他社会福利政策的有机结合来保障资金，从而为我国养老服务的可持续发展提供一个可靠的制度平台。

5. 大力发展人力资本投资型社会福利项目

借鉴国际上有益的经验，中国也应该填补短板，高度重视社会福利项目的人力资本投资功能，为中国国家竞争力的持续增强奠定坚实基础。从发展的优先次序上看，一是出台针对流动人口子女教育的专项计划，明确各级政府的责任尤其是资金责任，中央政府的财政补贴可采取"教育券"的模式，钱随人走，以提高接受流动人员子女的地方政府的积极性。对于不得不作为留守儿童在家乡接受教育的儿童，应有专项资金，针对其上下学、住宿、心理、课外活动、校内生活给予专门的关照。

二是重点发展贫困家庭的儿童营养项目，干预的阶段应逐步突破目前仅限于上学期间的午餐营养的状况，向幼儿阶段、孕妇阶段拓展。区分不同的家庭状况，应开发若干类成本较低，安全有效的营养补充手段，例如幼儿时期的饮用豆浆等，提供资金补贴或免费向贫困家庭提供。具体措施上可考虑以结果为导向，采取国际上正在积极探索的有条件的现金转移方式。

三是职业教育与积极就业政策的结合。当前我国在职业教育和积极就业政策领域都大幅度增加了投入，未来应进一步巩固这一趋势。与此同时，应加强职业教育与积极就业政策的相互配合，将职业教育的理念扩充到终生，提高资金的使用效率。其中，对于贫困家庭的职业教育与就业技能教育，应在现有基础上给予特别的关照。

教育与健康状况决定着未来收入的前景，如果不能通过社会福利体系保证它们的公平性，会增加形成不平等陷阱的可能性。在我国当前尤其需要注意的是，这种公平可能更需要"逆向公平"的思维，针对部分弱势群体的现状，例如农民或农民工群体的子女，给予特别的政策安排。

6. 改善制度设计，增强社会福利项目的内在激励

福利项目如不注重内在激励，则其"免费午餐"的性质将使管理难度

大大增加，政策目标无法实现。一旦广泛发生"福利养懒汉"这一现象，则既不利于经济发展，政府的财力也难以支撑。应当说，我国各项社会福利项目的设计都非常注重激励及管理问题，但从实际运行效果来看，可供改善的空间还很大。

在健康福利领域，如何缓解医疗保险覆盖之后的医疗费用上涨趋势，是广受世界关注的难题。各国探索的经验包括降低医药费用报销比例，价格费用管制等措施，近期均重视通过支付方式的改革，通过改善医疗服务机构和人员的激励，以实现提高服务质量和费用控制的统一。我国应当注重大力吸收各国成功的经验或失败的教训，加强支付方式领域的探索。

在养老保障领域，我国的法定退休年龄在世界主要国家中最低，且目前非常突出的问题是职工养老保险提前退休问题严重。《决定》提出，应"研究制定渐进式延迟退休年龄政策"。在当前，尤为重要的是通过规则的调整，抑制不适当的提前退休。可以考虑的政策选项包括：进一步增强实际退休年龄与养老金支付水平挂钩程度，鼓励劳动者主动选择推迟退休；借鉴欧美等国的经验，设置若干档退休年龄，对于提前退休的参保人员，降低养老金支付的替代率，对于延迟退休的参保人员，适当提高养老金支付的替代率。后面一种方案，还可以作为间接探索提高退休年龄的一种方式。

在城乡低保领域，目前保障人群中超过30%具有劳动能力，近期还出现低龄化趋势。一定程度上，我国的低保具有发达国家失业救助的性质，也是地方政府安抚特定人群的重要手段。促进低保对象中具有劳动能力的人群就业，既有利于控制财政支出的压力，又有助于增加真正需要保障人群的待遇。在这方面，虽然工作福利制受到一些的非议，但是它的积极作用还是值得肯定的。即使在发达国家，工作福利制目前也被广泛采用。我们建议，应学习英国的经验，尤其在城市设置大量要求较低且待遇不高的公益岗位。对有劳动能力的救助对象，应从目前要求其参加暂时的公益活动，改变为要求在一定时间内常态化地在公益岗位工作。这种方式一方面可以起到救助的效果，另一方面可以激励失业人群更努力地找工作。还可以考虑将一些地方正在推行的小额贷款计划，与社会救助结合起来，从而为那些具有劳动能力和创业精神，但缺乏相应的劳动条件支持的救助对象提供脱贫的机会。借鉴美国EITC的思想，对于这些有志于创业的救助对象，可以从工商税收上给予优惠；对于那些正在享受低保或失业救助金，同时又找到工作的人，可以给他们享受低保或失业救助金的一个过渡期，这样可以避免他们落入"失业陷阱"而不愿意去工作，进而解决"退保"难等问题。

在人力资本投资型福利项目领域，可以考虑采取世界银行等机构大力推广的"有条件转移支付"措施，以激励手段达到政策目标。如目前我国已经着手大力推广的贫困地区学龄儿童免费午餐计划，即可借鉴墨西哥和巴西等国的经验，采取以结果导向确立发放现金补助的条件。除目前采取的食物补助形式，由学校要求家庭出示相关证明，确保以前的补助用在了儿童营养改善方面，否则不予发放。还可以采取实物补助的形式，建立专门的食品生产线，由固定的机构对食物进行配送。教育补助则可与上课出勤率、迟到率挂钩。

7. 创新社会福利项目的实现方式，提高真实福利效果

社会福利体系的发展，除了制度与资金层面的安排之外，福利项目的实现方式，即福利项目服务供给面的创新发展，对于真正改善广大居民的福利效果也影响很大。

在老年福利领域，由于中国进入快速老龄化的阶段，除加快覆盖养老保障体系解决老年生活资金来源之外，养老服务产业以及老龄照护产业的发展，类似于保健、文化、旅游等老年福利项目的丰富，对于真正改善老年人的生活质量同样重要。从现实情况看，我国这方面还存在很大不足。为此，需要采取若干创新性政策措施，政府引导，市场为基，协调政府、社会和家庭各方面的力量予以发展，满足老龄居民多样化的需求。在养老服务和老龄照护产业，政府应在保留较低规模的养老福利院的基础上，通过制定并严格执行行业标准、予以财税优惠等措施，鼓励有品牌声誉、有社会责任、有实力的民营资本和慈善团体进入这一市场，提供服务形式多样化、收费水平高低不同的养老和照护服务。由于养老服务和老龄照护业是典型的劳动密集型产业，市场的发展在短期、长期内对于促进就业也具有重要的意义。在满足老年人保健、文化、旅游等方面的需求上，政府同样应以加强监管为主要职责，适时出台财税优惠措施加以引导，通过市场的力量来实现政策目标。

在就业培训领域，最近几年我国的资金投入增长较快，在劳动力供需形势逐步发生变化的新阶段，更需要注重创新工作方式，提高培训效果。一是要注重贫困地区、就业困难人群的低端岗位培训，与面向新型战略产

业的高端岗位培训均衡发展。针对贫困地区人群，40 岁、50 岁就业困难
人员的培训，在当前低端岗位劳动力供给不足的背景下，重点是提升其基
本就业技能，找准未来需求广的就业方向（如养老服务），将其纳入市场
化进程中，这应是国家扶贫政策的一项重要内容。面向新型战略产业的高
端岗位培训，重点是提升教育水平较高人群的高端岗位适应能力，以此为
基础提高国家产业竞争力。两者的实施，都可以考虑学习巴西经验，出台
若干针对重点人群、重点行业的专项就业培训计划。二是要将输入地培训
与输出地培训相结合。如高端岗位的培训项目，适合输入地培训模式。就
业困难人员、贫困地区人员的培训适合采取输出地模式。三是要将就业培
训与企业相结合。一些外部性较强的培训项目需要政府投入较多的财力，
一些企业受益较大的培训项目政府将主要起引导作用。就业培训项目还可
以采取企业订单的操作模式。四是探索实施就业培训订单的招标采购制，
通过明确培训内容与要求，采取市场招标确立培训机构，提高资金使用
效率。

三　政府投资领域的问题与改革建议

按照 OECD（2011）的界定，政府投资包括以基础设施建设为主体的
直接投资和向企业部门的投资补贴部分。这恰好与上文所说财政支出分类
中的经济建设支出相对应。因此，所谓政府投资，即是财政支出中的经济
建设支出。由于中国的特殊国情，政府投资目前是全口径财政支出的主要
部分之一，比重达到 38% 以上，且这一局面可能还将维持一段时间。而政
府投资的资金来源在所有财政支出中最为复杂，管理也相对薄弱。考虑到
政府投资对于我国未来发展前景的重要性以及其管理的复杂性，深化政府
投资管理体制改革应当作为财政支出领域改革的重点之一。

（一）政府投资的重要性

1. 基础设施建设高峰期的特殊国情

如第二节的核算结果显示，我国政府投资占全口径财政支出的比重高
达 38%，远高于若干发达国家。图 6 - 2 也显示，OECD 成员国的政府投
资支出占 GDP 的比重，无论是 2000 年，还是 2009 年，均在 10% 左右波
动。显然，我国当前的政府投资比重远超这些经济发展水平高的国家。需

要说明的是，发达国家的财政支出结构也是经过长期的历史演变而来的，在二战之前其公共投资占财政支出的比重也是很高的。到今天，或许是其基础设施建设已经较为完备，增加支出的空间比较狭小。从这个角度看，单纯的将我国的财政支出结构与其比较并不可取，尤其是对政府投资的现状进行分析，需要考虑到发展阶段的影响。

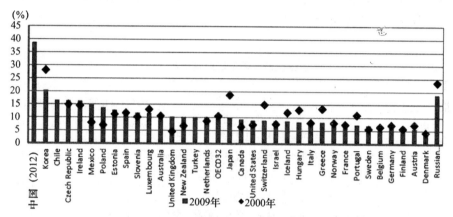

图6-2　中国（2012）与部分国家政府投资占财政支出比重比较

数据来源：中国数据来自于第二节的核算；其他国家数据来自于OECD（2011）。

如汪德华（2011）所分析的，基础设施建设高峰期与社会福利体系建设双碰头的特殊国情，应是评价和改革我国财税体制的立足点。在多数老牌发达国家，其基础设施体系的建设在二战之前已历经百年基本完成，其后主要是更新改造；而其社会福利性支出的大幅攀升，基本上是在二战之后。但在我国现阶段，受赶超发展战略的影响，基础设施体系要压缩在几十年内完成，未来十余年内依然处于高峰期；按照改善民生执政目标以及国际潮流的要求，社会福利体系的建设也必须同步加大投入。简言之，保障社会福利体系建设和基础设施建设这两大历史性任务的公共资金需要，是现阶段中国财税体制需要担负的基本功能。

由此可见，即使我国的经济建设支出比重接近40%，其对我国经济社会的持续发展是否存在严重障碍，还需要客观评价。存在一种可能，对一个发展中国来说，在一定时期内适度提前进行基础设施建设，总体上是有利于长期福利水平提升的。从中国的当前情况看，高速铁路、轨道交通、城市基础建设等，还是值得财政投入的领域。如表6-4所示，以城市基础设施建设领域的投资情况来看，我国过去几十年间虽然投资很大，但并未超过发达国家历史上的基础设施建设高峰期，与国际组织推荐的投资力度甚至还有差距。由此可见，在多数发达国家，由于其基础设施已经比较完善，财政支出的主体是社会福利性支出，政府投资的比重较低比较合理。但我国目前尚处于基础设施建设的高峰期，加上赶超发展战略的影响，全口径财政的经济建设色彩依然浓重。这就决定了我国政府投资在全口径财政支出中比重很高。

表6-4　　　　　　　　　　　各国城市基础设施投资情况比较

	年份	城建投资统计范围	城建投资占固定资产投资比重	城建投资占GDP比重
中国	1990—2007	城市供水、排水、道路、燃气、供热、防洪、园林、环卫、其他	4.8%—6.8%	1.8%—3.5%
美国	1950—1980	城市供水、排水、道路、燃气、园林	7.1%—10.2%	1.2%—1.8%
日本	1960—1980	城市供水、排水、道路、燃气、园林、环卫	9.7%—12.6%	3.3%—4.1%
加拿大	1975—1976	城市供水、排水、道路、燃气、园林	8.5%—9.2%	1.8%—2.0%
联合国推荐	2004	市政基础设施		3%—5%
世界银行推荐	1970		9%—15%	3%—5%

数据来源：《城市发展研究》、建设部报告：中国市政建设投资仍存在一定增长空间。转引自刘京生《迎接十八万亿城市基础设施建设挑战》，《中国发展报告2010》背景报告。

2. 政府投资管理体制是宏观调控体系的重要组成部分

与社会福利性支出较为刚性有所不同，政府投资的扩张或收缩相对容易操作，因此一直是我国宏观财政政策的主要手段。正是因为基础设施建设尚处于高峰期的基本国情，导致我国的政府投资规模较高。政府投资既是我国经济增长高度依赖投资的原因之一，也对宏观经济波动影响很大。改革开放后，中国经济增长的每一次大起大落，都与政府主导的投资扩张密切相关。特别是地方政府热衷于扩大投资，或者直接投资于基础设施建设，或者给予企业部门投资补助以招商引资，当投资增长过快引起经济过热时，中央政府开始采取收紧信贷、要求地方压缩投资项目等调控措施，导致经济变冷，从而形成"一放就乱，一收就死"的循环。与其他财政政策手段相比，基础设施建设直接扩张总需求，对私营部门的投资补助有放大效应，因此政府投资既是政府财政资金运用的一种形式，也是实施财政政策的重要抓手，其在调控总需求方面作用直接，见效快。

面向未来，政府投资将依然在国民经济中占据重要地位。导致地方政府投资冲动的体制性因素未消除，基础设施高峰期仍将延续，新型城镇化战略的推进也需要以较大力度的政府投资为支撑。从完善宏观调控体系的角度，这就要求构建良好的政府投资管理体制。2004 年颁布的《国务院关于投资体制改革的决定》（国发〔2004〕20 号），明确了在国务院领导下由国家发改委牵头负责宏观调控全社会的投资活动，也明确了政府投资是几大调控手段之一。文件的第三部分"完善政府投资体制，规范政府投资行为"，是目前关于政府投资管理体制的最权威表述。然而，近十年来我国的政府投资活动有很多新的变化，新一届政府按照"转变政府职能、简政放权"的原则，开始下放或取消部分政府投资审批权限。因此，如何适应新的宏观经济形势与政府职能格局，改革现有政府投资管理体制，既提高财政性投资资金的绩效，又发挥好其在宏观调控体系中的应有功能，已成为一个迫切任务。近期公布的"2013 年深化经济体制改革重点工作"，也已明确提出制定政府投资条例的要求。

（二）政府投资领域的主要问题

1. 地方政府投资冲动强烈，易热不易冷

地方政府投资冲动强烈，是分析中国宏观经济现象不可忽视的一个前提。文献中关于中国地方政府官员行为动机的假说有两种，一是在现行政绩考核体制下地方官员特别关注经济增长，进而获取晋升优势的"政治动机"假说，另一种是尽可能获取更多的地方自有财力的"经济动机"假说。无论是出于何种动机，扩大本地投资都可以满足其要求，而增加政府投资则是扩大本地投资的重要手段。受任期制影响，地方政府的投资行为短期化倾向严重，可能出现不计成本、不顾长期后果的投资决策。

从宏观经济调控角度看，政府投资应该逆周期运行，即在经济萧条时增加投资以刺激经济，经济繁荣时则相应减少以免经济过热。在我国，中央政府担负宏观调控的责任，可以根据经济形势让政府投资逆周期运行。但是受地方政府投资冲动强烈的影响，地方政府投资典型的体现为易热不易冷，部分表现为顺周期运行。当经济繁荣时，地方政府可支配财力增加，作为资本金通过信贷体系放大投资能力，政府投资规模进一步膨胀；当经济萧条时，虽然地方政府同样希望扩大投资，但受可支配财力缩水的约束，却缺乏扩大政府投资规模的能力。与此同时，在各项政府职能属地化管理的体制背景下，地方政府为扩大投资会忽视环境保护、土地开发管理等方面的要求，由此带来诸多结构性问题。

2. 投资补贴过度、基础设施建设速度过快易诱发产能过剩

随着改革的深入，尤其是 20 世纪末亚洲金融危机之后，我国的政府投资活动一般已不直接投向竞争性产业，而主要集中于基础设施建设。遗留的问题有两个，一是国有企业的利润并不向公共财政上缴，相当于变相增加了国有企业的投资能力；二是地方政府招商引资竞争程度过于强烈，大建开发区，对企业部门投资补贴过度，将市场化产业投资的成本压低到不正常的水平。这两者都会扭曲市场决策，导致一些行业出现产能过剩。后者的一个典型体现是当前的新能源产业。

就以基础设施建设为主体的政府直接投资来说，一旦速度过快，也易诱发产能过剩。基础设施建设适度超前发展，是中国过去三十多年发展成就的一个突出体现，也是其重要原因。但是近些年来，尤其是 2009 年"四万亿"经济刺激计划的出台，使得基础设施建设项目上马过多，钢铁、水泥等相关产业受错误市场信号的干扰，为满足短期激增的需求而大幅扩充产能。但这种短期激增的需求不可能持续下去，当受政府债务、金融风险等因素的干扰出现下滑时，相关产业的产能过剩就出现了。我国近二十年来产能过剩问题反复出现，从需求面来看，以基础设施建设为主体的政府直接投资波动过大是重要原因。

3. "土地财政"加"地方融资平台"的筹资模式负面效应凸显

政府投资一般来说不可能仅仅依赖当年的财政收入，还需要配套的外部融资手段。近年来地方政府逐步发展出"土地财政"加"地方融资平台"的建设融资机制，对于城市基础设施建设起到了较大的促进作用，但其负面作用日益凸显。其一，正常的预算管理制度无法管理这类体外循环资金，进而导致城市建设行为缺乏必要的公共约束，浪费、腐败，以及好大喜功的市政建设难以避免。其二，土地出让收入是地方融资平台运转的基础，但地价、房价不断攀高的现实极度恶化了收入分配，高收入人群的投机性或投资性购房更是加剧了社会分裂。其三，"地方融资平台"的筹资模式不透明、不规范，由此导致筹资成本和金融风险较高。其四，未来

以环境、水利为主体的公共投资难以像现在这样持续产生显性回报，原有融资机制不具有可持续性。随着以建设土地面积增加为主要形式的城市扩张步伐越来越慢，未来的政府投资将会集中在对已有城市设施的改善上。这虽然会提高城市的价值，但投资项目难以通过土地出让收入等方式产生直接回报，意味着城市基础设施投资与土地财政之间的正反馈被打破。

4. 以审批和信贷控制为调控的主要手段

鉴于中国地方政府的投资冲动异常强烈，政府投资对宏观经济的冲击较大，由中央政府掌握一定的调控手段是必要的。在现行体制下，中央政府主要采用事前的项目审批制施加直接控制，以信贷控制、土地控制施加间接的影响。但这些手段都带有一定的行政性调控的色彩。政府主导和行政调控会致使经济结构进一步扭曲，出现效率不足、腐败等问题。除此之外，这种直接的行政调控，由于缺少市场反馈链条的平滑作用，容易加大经济波动的幅度。正在推进的转变政府职能改革，已经要求大幅削减中央政府审批权，这意味着需要寻找新的中央对地方政府投资活动的调控手段。与"事前审批"对应，伴随着后期监管的缺失，我国政府投资监管主体复杂，以内部监督为主，监管主体缺乏独立性，监管效率不高。后期监管的缺失，也是地方政府可以不顾投资成本、过度投资的原因之一。

鉴于政府投资对宏观经济波动的巨大影响，地方政府投资冲动强烈的体制背景，在效率低下的审批控制手段逐步淡化的背景下，构建新的政府投资管理体制将是完善宏观调控体系的制度性基础。理顺政府投资管理体制的总体思路是，让地方政府的投资融资行为公开化、透明化，推行统一完整的资本预算制度加以管理监督。当地方政府更关注政府投资的成本收益比时，中央政府应淡化行政审批的调控作用，通过对地方政府筹资总量的控制、对市场利率水平的调控，来实现对政府投资的宏观调控，发挥其促进宏观经济平稳增长的功能。

（三）政府投资领域的改革建议

鉴于投资对于宏观经济波动的重要影响，十八届三中全会《决定》第十四条"健全宏观调控体系"，明确提出深化投资体制改革的要求，强调以"强化节能节地节水、环境、技术、安全等市场准入标准，建立健全防范和化解产能过剩长效机制"。《决定》并没有专门提及政府投资，但在"完善政绩发展成果考核评价体系""完善城镇化健康发展体制机制""改进预算管理"等处提出的诸多改革方向，都将对政府投资行为产生很大影响。

1. 以制度保证基础设施建设遵循"适度超前"原则

基础设施对于一个国家在物理状态上存在一定的空间限制，当基础设施建设到一定规模和水平之后，再继续扩张将降低宏观经济效率。为此，基础设施建设应与经济发展水平相适应适度超前，但不能过度超前，建设时间适度拉长，为钢铁、水泥等相关产业提供正确的市场信号。随着城市化的快速推进，我国基础设施建设将依然处于高峰期，城市基础设施、水利、环境保护设施等将是政府投资的重点。为此需要制定富有前瞻性、科学合理的城市规划和专项规划，确立中长期的项目建设计划，并严格实施。对于规划确需修改的，应经过社会公开讨论、人大会批准等严格的程序。更重要的是，按照《决定》提出的要求，"推动宏观调控目标制定和政策手段运用机制化"，未来如遇到经济萧条，需启动积极财政政策时，不能仅仅看到政府投资项目见效快而力度过大，还需考虑到政府投资项目的长期影响，考虑到相关支撑行业的长期可持续发展。中央政府主导的积极财政政策，应综合运用减税、增加居民收入以及政府投资等多种手段，而不能在短期内过度集中于政府投资。

2. 建立以市政债和地方债为主体的新筹资机制

在目前"土地财政"加"地方政府融资平台"负面效应越来越大的情况下，需要积极寻找新的长效筹资机制。三中全会的《决定》明确提出，"建立透明规范的城市建设投融资机制，允许地方政府通过发债等多种方式拓宽城市建设融资渠道，允许社会资本通过特许经营等方式参与城市基础设施投资和运营，研究建立城市基础设施、住宅政策性金融机构"。由此看来，争议很大的地方债或市政债已获认可。为此，应按照《决定》提出的，尽快通过立法全面开征差异化房产税，抑制土地财政；可考虑由市级政府在公开债券市场发行以一般性税收（尤其是房产税）为还款保证的"市政债"，省级政府和县级政府捆绑在一起发行"地方债"，为城市建设等政府投资项目融资。与之同时，应继续发展为基础设施建设提供融资的政策性金融机构。除政策性金融外，应切断地方政府直接从银行系统融资的渠道。在控制地方债务风险方面，应按照《决定》的要求，"建立权责发生制的政府综合财务报告制度，建立规范合理的中央和地方政府债务管理和风险预警机制"。具体来说，地方政府如希望从公开债券市场筹资，必须公开透明本级政府的中长期财务信息，包括预算安排、政府资产负债表等。地方政府发行市政债和地方债，应由中央政府实施总量控制和核准。中央政府的总量控制权限，将成为新形势下落实财政政策，实施宏观调控的抓手。

地方政府从不规范、不公开的地方融资平台转化为公开债券市场筹资，这既符合经济学原理，也符合中国国情。首先，包括市政建设在内的基础设施建设的受益时间很长，因此采取债务形式将其成本在代际间分担非常必要。单纯依赖财政资金进行市政建设存在代际不公平，且会拖累市政建设的步伐。其次，公开市场筹资能大幅降低地方政府融资成本。最后，"市政债"或"地方债"利用公开市场进行交易，对政府融资形成制约，迫使地方政府增加预算透明度，对将要建设的项目以及未来的偿付计划都要有具体清晰的规划，地区之间的竞争能够推动地方财政的全方位改革。

3. 建立中长期资本预算制度，加强事后审计监督

地方政府投资冲动是政府投资易热不易冷、顺周期运行的体制性原因。缺乏统一完整的资本预算制度，地方政府可以随意动用相当一部分预算外管理财政资金和债务资金，使得政府债务管理失控，财政政策调控失效，这是政府投资领域诸多问题的制度性原因。为此，应推动地方政府建立中长期资本预算制度，包括政府直接投资以及用于招商引资的投资性补贴。与现有四本预算同步，每年均单独编制资本预算，涵盖所有政府直接投资项目计划及其中长期的资金安排，应包括项目所涉及的公共财政、政府性基金、债务性资金。资本预算应经人大审批，同时向社会公布。审计机关应加强事后审计监督，及时对每年的资本预算执行情况以及单个投资项目进行审计。

4. 以体制改革削弱地方政府不合理的投资冲动，调整投资结构

地方政府不顾成本的投资冲动，是政府投资干扰宏观经济的体制性因素。对于地方政府偏好于扩大投资不能简单否定，而是应通过体制改革，削弱其不合理的投资冲动，确保其投资行为沿着增强本地居民福利、与宏观经济大局相适应的方向。一是在政绩考核上，应按照《决定》提出的完善发展成果考核评价体系，降低经济增长及其相关指标的权重，增加代表本地居民福利水平的指标。二是在中央与地方之间的财力分配上，在增值税的分成公式中增加常住人口、环境保护类指标，使得地方所获得分成收

入与扩大投资之间的关联度下降。三是在政府职能配置以及支出责任分担上改变一边倒的属地化管理倾向，将区域外部性较强的环保等职能上收到上级政府，通过不同级次政府间政府职能的相互制约，使得地方政府的一些不合理的投资行为直接受到限制。

四　小结

按照十八大报告的要求，我国新一轮改革的核心是"处理好政府和市场的关系"，转变政府职能是改革的主要抓手。而财政支出是履行政府职能，或者说发挥政府作用的直接和主要体现。十八届三中全会《决定》提出："财政是国家治理的基础和重要支柱"。财政作为国家治理的基础，主要体现在财政支出对国家治理体系和国家发展政策的全方位支持和控制上。从这个角度看，财政支出领域的改革，是新一轮财税体制改革，乃至新一轮全面深化改革的核心领域。新一轮经济体制改革的主要措施与成果，也必然要通过财政支出规模与结构的调整得以体现。

人类对于政府职能的认识不断演进。以发达国家的历史来考察，理论观点深刻地影响了现实中的财政支出结构。到今天，现代国家的政府职能一般可归结为三大类：一是维护市场经济正常运转的基本政府职能，如保护财产权力、维护契约执行、维护市场秩序等；二是政府的社会职能，如建立监管机构防治环境污染，发展教育，提供养老、医疗保障等；三是发挥能动作用促进经济平稳发展的职能，如中央政府的宏观调控、产业政策，地方政府的招商引资。从理论上看，前两类政府职能争议不大，而第三类的利弊如何并没有取得共识。我国的政府职能也已向现代国家靠拢，突出特点是促进经济发展的职能更为重要。我国政府职能的特点也深度影响了我国财政支出的规模和结构。

提出改革措施的前提是准确认识当前我国财政支出领域的现状。本章按照 IMF、OECD 等国际机构的财政统计和分类标准，全口径考察了中国财政支出的规模和结构，克服了以往单纯以公共财政支出数据进行分析导致不全面、不准确的弊端。结果显示：我国全口径财政支出占 GDP 的比重从 2003—2008 年的 31% 左右，跃升到 2009 年的 41%，其后逐步回落至 2012 年的 33%。财政支出结构中经济建设色彩较为浓重，全口径考察 2012 年经济建设支出达 39%，而社会福利方面的支出仅为 41%，这与发达国家经济建设支出仅为 10% 左右，而社会福利支出 60%—70% 的财政支出结构有很大差异。总体而言，当前我国的财政支出规模与结构，深受基础设施建设高峰期与社会福利体系建设双碰头的基本国情影响。

　　针对这一现状，财政支出领域改革的总体方向是：适度控制总体规模；建立优化一般性行政支出结构的长效机制，降低行政成本；逐步压缩经济建设性支出的规模，优化公共投资结构；继续加大社会福利性支出比重，但需要注意加快改革步伐堵上制度漏洞，提升社会福利体系的可持续性和绩效，以促进基本公共服务均等化。为此，需要完善政府治理机制，改革政绩考核方式，加强预算以及审计能力建设，以体制改革推进财政支出结构的合理调整。

　　社会福利目前已成为中国财政支出的主要领域，且其比重将继续提升。针对社会福利待遇人群间差异较大，社会福利体系目标模式未明确，福利项目的激励机制设计不足等问题，应继续大力推进社会福利体系的广覆盖，加快推进各类社会福利项目的整合；以筹资为基础，以适度为原则，合理确定不同人群社会福利项目的待遇水平；加快建设适应老龄化冲击的老年福利体系，大力发展人力资本投资型社会福利项目，同时要改善制度设计以增强福利项目的内在激励，创新项目实现形式以提高真实福利效果。

　　基础设施高峰期的基本国情决定政府投资支出比重较高还将延续一段时间。针对政府投资领域地方政府投资易热不易冷，"土地财政"加"地方融资平台"的筹资模式负面作用凸显，政府投资过度易诱发产能过剩等问题，应注重以体制改革削弱地方政府不合理的投资冲动，调整投资结构，确保基础设施建设遵循适度超前原则，建立以市政债和地方债为主体的新筹资机制，建立中长期资本预算制度，加强事后审计监督。

第七章

收入不均与居民消费：
基于农村固定观察点数据的分析

理论上，国民收入分配失衡与居民收入不均是两个有区别的问题。但经济学理论也表明，除居民收入比重之外，居民收入不均也会影响居民消费。农村居民消费水平较低，是中国居民消费比重较低的主要障碍，其影响因素复杂，但财税政策领域的缺失是重要原因。为此，本章基于农村固定观察点数据，探讨了居民收入不均对于居民消费的影响，并在此基础上侧重于从财税政策角度讨论若干缓解居民收入不均的政策，进而扩大农村居民消费。

一 引言

改革开放以来，经济体制改革的不断深入和市场化程度的大幅提升，使中国社会各方面的积极性得到极大调动，社会生产率不断提高，从而也使中国的经济三十多年持续、快速的增长。在改革开放之初的 1978 年，我国的人均 GDP 仅为 381 元，而到 2010 年已经达到了近 3 万元。经济的高速腾飞也使我国城乡居民的收入和生活水平得到提高。1978 年我国城镇居民人均可支配收入为 343.4 元，农村居民人均纯收入 133.6 元，到 2010 年已经分别增加到 19109.4 元和 5919.0 元，即使剔除价格因素后，居民收入的增长依旧非常显著。①

作为经济体制改革的重要组成部分，收入分配体制也发生了重大变化。而这一变化也使改革开放以后我国居民收入分配差距的不断拉大。1978 年，我国总体居民收入分配差距的基尼系数为 0.3 左右（周云波，2008），而到 2009 年已经达到 0.458（见图 7-1）。而从世界范围来看，中国的收入差距问题也很

---

① GDP 和居民收入数据来源于《中国统计年鉴 2011》。

严峻。根据亚洲发展银行的统计数据（见表7-1）显示，中国2004年的基尼系数为47.25，位于亚洲发展中国家中的第二位，且远高于第三位的国家菲律宾。根据国际上比较公认的标准，超过0.4则说明收入差距过大。尽管目前对我国基尼系数的计算还存在争议，但改革开放以来我国国民收入分配差距正在不断扩大的事实是不容置疑的，并且已经引起了社会各界的广泛关注。

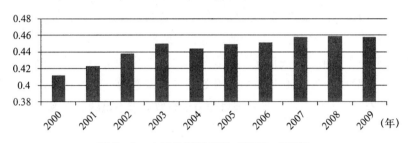

图7-1　中国的基尼系数（2000—2009）

资料来源：《中国发展报告2011》。

表7-1　　　　　　　**部分亚洲发展中国家基尼系数（2002—2005）**　　　　　（单位：%）

国家（地区）	年份	基尼系数	国家（地区）	年份	基尼系数
尼泊尔	2003	47.30	老挝	2002	34.68
中国	2004	47.25	印度尼西亚	2002	34.30
菲律宾	2003	43.97	孟加拉国	2005	34.08
土库曼斯坦	2003	43.02	哈萨克斯坦	2003	33.85
泰国	2002	41.96	中国台湾	2003	33.85
马来西亚	2004	40.33	亚美尼亚	2003	33.80
斯里兰卡	2002	40.18	蒙古	2002	32.84
柬埔寨	2004	38.05	塔吉克斯坦	2003	32.63
越南	2004	37.08	朝鲜	2004	31.55
阿塞拜疆	2001	36.50	巴基斯坦	2004	31.18
印度	2004	36.22	吉尔吉斯斯坦	2003	30.30

数据来源：亚洲发展银行（http://www.adb.org/）。

　　收入差距的持续扩大对国家经济发展、人民日常生活产生了重大影响。其中，收入差距扩大被认为是我国居民消费长期不振的首要原因（王小鲁，2007）。改革开放以来，我国的居民消费率一直呈下降趋势，且在近年来出现大幅降低（见图7-2）。有人曾证明，在人均GDP达到1000美元左右时，世界各国居民消费率一般为 61%，而根据中国国家统计局、联合国统计司、国际货币基金组织、世界银行 2009 年发布的数据，我国人均 GDP 于 2001 年超过 1000 美元，但 2001 年我国的居民消费率仅为 45.16%，比国际平均水平低了近 16 个百分点。2008 年我国居民消费率为 35.3%，美国为 70.1%，印度为 53.9%[①]。对比看来，目前我国居民消费率明显偏低，不仅低于国际平均水平，即使与经济发展程度相当的印度相比也有很大差距。我国极低的消费率在世界上实属罕见，这也引起了政府的重视。针对有效需求不足的问题，近年来，扩大内需、拉动消费也成了政府工作的重点。

据图 7-2 显示，居民消费率和农村居民消费率均呈明显的下降趋势，而城市居民消费率是在 2000 年以后才开始出现下降趋势，且农村居民消费率极低。因而农村居民消费不振是我国目前市场有效需求不足的关键因素。

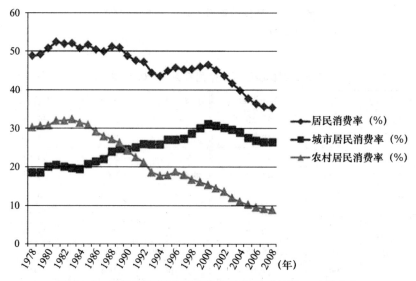

图 7-2 历年我国居民消费率变化情况（1978—2008 年）

数据来源：根据张书云《中国农村居民消费水平与消费结构研究》2010 整理。

在西方消费理论中，凯恩斯最早指出收入差距对消费存在影响，根据他的"绝对收入假说"，边际消费倾向随收入水平提高而下降，因此富人的消费倾向将小于穷人的消费倾向，如果采取"劫富济贫"式的收入再分

---

① 数据来源于张书云《中国农村居民消费水平与消费结构研究》，2010 年，第 4 页。

配政策将有利于提高全社会的消费水平。

而在凯恩斯之后，对收入分配和消费关系的观点开始出现分歧。第一类以新剑桥学派为代表，他们重视收入分配，并认为由于资本家和工人的储蓄倾向存在差异，从而收入分配的变化会对整个社会的消费量产生影响。而作为后凯恩斯主义者的莫迪利安尼则坚持"生命周期假说"，认为人的消费是为了一生的效用最大化，由此而否认了收入分配的重要性。

由收入差距引起的消费不振已经成为制约社会发展的因素，因此该问题也受到了国内研究者的关注。袁志刚、朱国林（2002）通过对有关文献的考察，指出收入分配确实会影响总消费，合理的转移支付和收入再分配政策有助于提高总消费，并认为要改善当前我国总消费不足的现状，就必须降低高收入者的储蓄率；吴斌珍等（2010）利用我国城市居民数据进行实证研究，发现收入不均等对其家庭消费有负面效应，且该效应对较贫困和较年轻人群影响更甚。

但现有文献大多重点关注城镇居民收入差距与其消费行为的关系，而就农村收入差距对其消费产生的影响的研究较少。因此我们为了深入研究农村居民收入分配不均对其消费行为的影响情况，利用中国农村的微观面板数据对其进行了定量分析。本章第二部分详细介绍了我国农村居民收入分配及消费的现状与特征；第三部分是数据模型；第四部分是估计结果；第五部分为结论与建议。

二　我国农村居民收入分配与消费的现状与特征

（一）收入持续上升，同时收入差距逐步扩大

自 1978 年以后，中国农村的贫困问题随着国家经济的高速发展得到改善，农村的贫困发生率已由 1978 年的 30.7% 降到了 2007 年的 1.6% 和 2010 年的 2.8%。虽然该数据的统计结果会受到农村贫困线设定标准的影响，但是从整体来看，中国农村的贫困问题的确得到了很大程度上的缓解。而作为影响贫困率的最重要因素，农村居民的收入呈现飞跃性的增长，人均纯收入已由 1978 年的 134 元增长到 2010 年的 5919 元。即使剔除了价格上涨因素，90 年代以来的农民收入依旧不断攀升，尤其是 2004 年以后，农村居民的纯收入增长率一直保持在 5% 以上，并有不断上升的趋势（见图 7 - 3、图 7 - 4）。

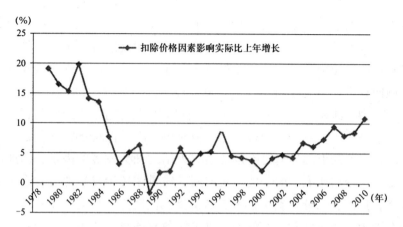

图 7-3　农村居民纯收入年均增长率变化情况（同比）

数据来源：根据《中国农村住户调查年鉴 2011》和《中国统计年鉴 2011》计算整理。

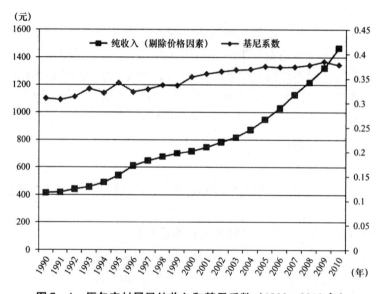

图 7-4　历年农村居民纯收入和基尼系数（1990—2010 年）

数据来源：根据《中国农村住户调查年鉴 2011》整理。

　　影响农民收入增长率的因素除了繁荣的经济大环境以外，还有在 2004 年中国政府出台了具有划时代意义的政策——取消了农业税和农业特产税，农民从此不再需要向政府缴纳农业税费。近年来，农村居民税费支出的不断下降直接提高了其纯收入。除此之外，政府近年来连续出台了一系列有利于农民、农村和农业发展的政策,其中包括连续每年提高主要粮食作物的最低收购价,推出并连续提高各种涉农补贴,大力加强农业和农村基础设施建设,大幅增加农村基础教育的财政投入,开展新型农村合作医疗并大幅增加补助力度,再加上政府长期以来在农村电力设施、农村通信等方面的持续投入,农业综合生产能力已得到不断增强,农民增收环境不断改善、增收能力持续提升。

与此同时,农村居民的收入差距也随着国家经济的腾飞逐渐拉大。据图7-4显示,农村基尼系数从1978年的0.21上升至2010年的0.38,已接近0.4的收入分配差距"警戒线"。过大的收入差距不利于社会的和谐稳定,但令人欣慰的是,2000年以来农村基尼系数增长放缓,而结合同期不断上涨的农民收入,可以看到农村收入不平等状况得到了一定程度上的改善。

(二) 平均消费倾向处于高位,但消费率严重偏低

消费方面,与农村居民纯收入一样,其生活消费支出也不断攀升。在剔除价格因素后(1990年为基年),农村居民2010年的平均生活消费支出为1086元,相较于1990年的354元已经增长超过200%。与此同时,农村居民的平均消费倾向自1978年来一直处于高位,虽然在进入21世纪以后相对之前有了下降,但接下来的10年依旧维持在70%以上(见图7-5、图7-6)。

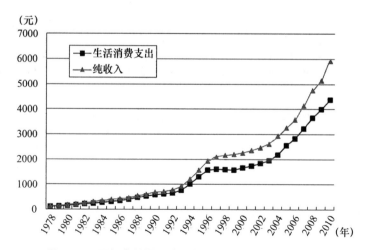

图7-5 历年农村居民收入与生活消费支出情况对比

数据来源:根据《中国农村住户调查年鉴2011》整理。

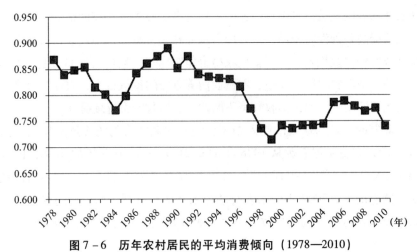

图7-6　历年农村居民的平均消费倾向（1978—2010）

数据来源：根据《中国农村住户调查年鉴2011》整理

但是，高的消费倾向并不代表高的消费率。前文图7-1至图7-3已提及，改革开放以来，我国的居民消费率一直呈下降趋势，且在近年来出现大幅降低。

农村居民平均消费倾向一直保持在较高的位置，相较于极低的消费率似乎存在矛盾。而我们认为这其中的原因主要是收入方面的问题：农民纯收入依旧相对过低，以至于只能应付必需的生活开销，因此农民的消费倾向虽然高，其消费量却对国民经济增长的贡献率有限。也就是说，农村居民的高消费倾向是被迫的。当我们将农村居民收入按收入五等分组细化后（见表7-2），发现这一趋势更加明显，越是低收入的农户，其平均消费倾向越高。

表7-2　　　按农村居民人均收入五等分分组平均消费倾向（2008）　　（单位：元）

收入分组	人均纯收入	人均生活消费支出	平均消费倾向
低收入户	1499.8	2144.8	1.43
中低收入户	2935.0	2652.8	0.90
中等收入户	4203.1	3286.4	0.78
中高收入户	5928.6	4191.2	0.71
高收入户	11290.2	6853.7	0.61

数据来源：根据《中国农村住户调查年鉴2009》计算。

综上,我们认为农村居民的收入问题制约了其消费的发展,而这其中居高不下的收入分配差距成为我们研究的切入点。

三 数据与模型

本章使用的数据来自农业部农村固定观察点数据,样本来自中国 29 个省市①的农村,包括近两万个农户,跨度为 2003 年至 2006 年的微观面板数据,数据包括了详细的家庭人口、社会经济等指标。在进行正式分析之前,所有价值指标都已按照当年农村居民消费价格指数折算为可比价格(2002 = 100)。

本章利用数据的主要优势在于两个方面:一是使用了面板数据,样本容量大且能够提供更多个体动态行为的信息;二是由于对消费行为的研究一般需要微观数据,而农村固定观察点数据正是具有良好代表性的农户微观面板数据集。

根据该微观面板数据,本章建立了农户消费函数的计量模型:

$$\log C_{it} = \alpha + \beta \times \log Y_{it} + \gamma \times gini_{it} + \delta \times X_{it} + \varepsilon_{it}$$

其中,下标 i 和 t 分别表示农户和年份,C 表示农户的家庭消费支出,Y 表示家庭纯收入,gini 为衡量农户收入差距的基尼系数,X 为控制变量,ε 为扰动项。主要关注的变量是 gini,若农民收入差距扩大对其消费造成负面影响,则 gini 的系数应为负。

在收入差距会对消费行为造成影响的前提假设下,考虑到该影响必须是通过农户自身感受而实现的,而农户对收入差距的直观感受主要来自与其处于同一环境的人,且当年龄相近时,其对收入差距的感受更为强烈。因此,本章的基尼系数计算是基于同地区同年龄段的家庭。其中,同地区以省为单位进行划分,同年龄段是指户主年龄相差 5 岁以内的家庭。举例来说,对于一个户主年龄为 43 岁的家庭,户主年龄为 38 岁到 48 岁的家庭为其对应的同年龄段家庭。

关于样本中基尼系数的描述性统计见表 7 - 3,基尼系数的均值在

---

① 29 个省市分别为北京、天津、河北、上海、江苏、浙江、福建、山东、广东、海南、山西、辽宁、吉林、黑龙江、安徽、江西、河南、湖北、湖南、内蒙古、广西、重庆、四川、贵州、云南、陕西、甘肃、青海、宁夏。

2003—2006 年没有显著的变化趋势。

在控制变量 X 中①，包括平均收入（同地区同年龄段）、家庭人口、户主年龄、户主文化程度。同时，由于同地区同年龄组的平均收入可能会对收入差异的估计结果产生显著影响②，我们也将其作为控制变量之一。此外，我们直接利用农村固定观察点数据中的分组标志——"家庭经营为主"和"受雇劳动者为主"作为控制农户主要收入来源的虚拟变量。

表 7-3　　　　　　　　关键变量基尼系数的描述性统计　　　　（单位：个）

年份	样本量	均值	标准差	最小值	最大值
2003	17227	0.342	0.073	0.061	0.662
2004	16856	0.314	0.061	0.153	0.592
2005	17359	0.327	0.061	0.157	0.633
2006	13824	0.311	0.053	0.172	0.638
合计	65266	0.324	0.064	0.061	0.662

由于本章研究的是农民的微观消费行为，但是又缺乏个人的消费数据，因而我们选择以家庭为单位，同时使用户主的个人特征（户主通常对家庭的消费决策有最大的影响力）。考虑到当一个家庭中人口过多时，户主的权威容易受到影响，因而我们删去了家庭人口在 7 人及以上的样本。同时，我们删去了户主年龄在 25 岁以下和 75 岁以上的样本，因为我们需要计算同地区同年龄组的收入差距，而户主年龄在以上两个范围的样本过少。

鉴于在估计中涉及众多的家庭平均变量，我们选择了加权的方式，将家庭成员中的户主设为 1，成年人（大于 18 岁）设为 0.7，儿童设为 0.5。同时我们也采用了其他的加权方式进行了计量，其估计结果也与该加权方法无异。除此以外，我们还删除了一些存在异常值的样本：年人均纯收入

---

① 我们考虑了包括平均收入、家庭人口、户主年龄、户主教育程度、家庭成员平均年龄、户主性别、本户在校学生人数、年度效应、主要收入来源等因素，最终确定了对农户消费行为有显著影响的 6 个变量来作为控制变量。

② 经估计结果显示，同地区同年龄段的平均收入对农村居民消费有显著的正效应，且如果不控制该变量，基尼的估计系数由 -0.30 变为 -0.27，其效果会减弱。

低于10元、年人均纯收入大于200000元、消费为收入5倍以上，以及教育背景在50年以上。表7－4显示了主要回归变量的描述性统计。

表7－4　　　　　　　　　　　　主要回归变量的描述性统计

	样本量	均值	标准差	最小值	最大值
人均纯收入	65266	5145.860	5507.138	109.880	176697.700
加权家庭人口	65266	2.829	3.850	1.000	6.000
户主年龄	65266	50.191	10.525	25.000	75.000
恩格尔系数	65266	0.313	0.146	0.001	1.000
户主教育背景（年）	65266	6.506	2.858	0.000	47.000

在被解释变量的选择上，由于教育支出和医疗支出的特殊性，我们选择了家庭人均生活消费支出（扣除医疗和教育费用）的对数。同时，我们在后文中也对是否剔除教育支出和医疗支出的生活消费支出分别进行了估计，其结果与剔除后的结果基本一致。

同时，为了更好地研究农户的消费行为，我们对其家庭支出进行了细化，支出变量的描述性统计详见表7－5。首先是生产性支出（包括家庭经营费用、购置生产性固定资产支出），代表农户的发展性支出；其次是我们重点关注的生活消费支出，我们将农户的生活消费支出细分为10大类，并特别关注了生活服务支出中的医疗费用和文化服务支出中的学杂费。

表7－5　　　　　　　　　　　　各类支出变量的描述性统计

	样本量	均值	标准差	最小值	最大值
1 生产性支出	65266	1845.37	6390.84	0.00	496820.30
2 生活消费支出	65266	3167.79	4629.02	113.78	260558.50
2.1 食品支出	65266	1372.22	963.74	5.10	38361.23
2.2 衣着支出	65266	200.44	245.62	0.00	22583.31
2.3 住房支出	65266	440.90	3053.35	0.00	247304.30
2.4 燃料支出	65266	139.77	115.58	0.00	4193.00

续表

	样本量	均值	标准差	最小值	最大值
2.5 用品支出	65266	291.43	1531.01	0.00	206517.70
2.6 保险支出	15968	289.83	1407.65	0.63	28910.65
2.7 生活服务支出	65266	254.80	688.22	0.00	34932.14
2.7.1 医疗住院费	37170	277.49	806.98	0.26	33996.95
2.8 文化服务支出	43346	547.13	979.08	0.32	39616.78
2.8.1 学杂费	29141	591.92	915.71	1.10	15969.16
2.9 旅游支出	2283	331.64	712.85	0.82	12448.96
2.10 交通通信支出	65266	192.45	411.45	0.00	69840.84

注：表中的支出数据均经过了加权人口的平均处理；由于部分变量（保险、医疗住院费、文化服务、学杂费、旅游）存在大量样本为0或缺失的情况，因而我们只对值不为0的样本进行了描述性统计和计量估计。

四　估计结果

经过前期对混合回归、固定效应模型、随机效应模型的检验，本章选择采用固定效应的方法进行回归。

（一）收入不平等对农民消费行为的影响

表7-6反映了以基尼系数为收入差距衡量标准时，农户消费行为对收入差距所作出的反应。我们控制了户主年龄、户主教育程度、家庭人口、平均收入以及收入来源。

第一列中的解释变量为没有剔除医疗和教育费用的家庭生活消费支出，结果显示，同地区同年龄组的基尼系数对家庭消费有显著的负面影响。当基尼系数每提高0.1，家庭消费就会随之下降3.2%。

而在第二列和第三列中，我们将学杂费和医疗费分别从家庭生活消费中扣除，基尼系数的影响效果由-0.318分别降为-0.304和-0.307，其影响存在差异，但差异并不大。

第四列是采用同样的方法以扣除学杂费和医疗费的生活消费支出为被解释变量所进行的回归，其结果同样显著。第四列显示，当基尼系数每提高 0.1 时,消费会下降约 3.0% 。

表 7 - 6　　　　　　　**收入差距对农村居民消费的影响估计**

项目	生活消费支出	扣除学杂费的支出	扣除医疗费的支出	扣除学杂费和医疗费的支出
	(1)	(2)	(3)	(4)
基尼系数	-0.318***	-0.304***	-0.307***	-0.304***
	(0.051)	(0.052)	(0.050)	(0.052)
家庭平均纯收入	0.407***	0.412***	0.406***	0.412***
	(0.005)	(0.005)	(0.005)	(0.005)
X	已控制	已控制	已控制	已控制
样本量	65266	65266	65266	65266
R^2	0.185	0.188	0.187	0.188

注:在所有的回归中,均使用固定效应模型;括号内为标准差,***、**、*分别表示通过显著水平为 1%、5%、10% 的统计检验。该表涉及的估计中,我们控制了户主年龄、平均收入、户主教育程度、家庭人口以及主要收入来源。

以上结果表明,收入差距的扩大对农村消费产生了显著的负面影响。当农村居民感受到其收入与类似条件的其他农户存在差距时,其消费量出现下降。但这其中究竟是什么类型的消费受收入差距影响最大,我们将在下文具体分析。

(二) 收入差距对农民不同类型消费的影响

在这一部分中,我们对被解释变量进行调整,重点关注收入差距对农户不同类型消费的影响效果。

在表 7 - 7 的第一列中,我们估计了收入差距对农户经营性支出的影响效果。结果显示,当基尼系数提高 0.1 时,农户的经营性支出会相应提高 2.8% 。由此我们发现,收入差距的扩大会导致农户显著增加其经营性投资。我们认为这可以理解为,农村居民期望通过投资和扩大经营来改变收入分配不均的现状。

而对于收入差距和医疗、教育支出的关系的估计结果,分别呈现于表7 -7 中的第二、第三列。二者估计结果都很显著,且当基尼系数提高 0.1

时，医疗支出和学费支出会分别降低7.9%和9.8%，降幅明显。由此，收入分配不均的存在会对农村居民的医疗和教育支出产生显著的负效应。

表7-7　　　　　收入差距对农民不同类型支出的影响估计（一）

项目	经营性支出	医疗费	学杂费
	（1）	（2）	（3）
基尼系数	0.278* (0.152)	-0.787*** (0.188)	-0.976*** (0.133)
家庭平均纯收入	0.270*** (0.015)	0.234*** (0.019)	0.179*** (0.014)
X	已控制	已控制	已控制
样本量	65266	37170	29141
R^2	0.051	0.026	0.059

注：该表涉及的估计中，我们控制了户主年龄、平均收入、户主教育程度、家庭人口以及主要收入来源。

在表7-8中，我们将农户的生活消费细分为10大类（食品、衣着、住房、燃料、用品、保险、生活服务、文化服务、旅游、交通通信），并分别估计收入差距对各类消费的影响效果。

从估计结果来看，收入差距的存在对农户的用品和保险支出没有显著影响，对住房支出存在显著的正影响，而对食品、衣着、生活服务、文化服务、旅游、交通通信支出存在不同程度的负面影响，尤其是当基尼系数每上升0.1时，农户的旅游支出和交通通信支出的降幅分别达到33.3%和40.7%。

综上，我们发现，收入差距主要对农户的短期消费会产生显著的负面影响，而对长期消费和发展性的支出则影响不明显或为正影响。但是，这其中值得注意的是，虽然文化服务支出（包括学杂费）应归类于发展性支出，但是农户依旧会因为收入分配不均的存在而减少该类支出，我们认为这与农村居民相对较低的教育程度和精神文化追求有关。

表7-8　　　　　收入差距对农民不同类型支出的影响估计（二）

项目	食品支出	衣着支出	住房支出	燃料支出	用品支出
	（1）	（2）	（3）	（4）	（5）
基尼系数	-0.651*** （0.038）	-0.302*** （0.095）	0.867*** （0.199）	-0.621*** （0.098）	0.040 （0.017）
家庭平均纯收入	0.255*** （0.004）	0.401*** （0.009）	0.528*** （0.019）	0.149*** （0.010）	0.457*** （0.017）
X	已控制	已控制	已控制	已控制	已控制
样本量	65266	65266	65266	65266	65266
R^2	0.183	0.055	0.019	0.027	0.020

项目	保险支出	生活服务支出	文化服务支出	旅游支出	交通通信支出
	（1）	（2）	（3）	（4）	（5）
基尼系数	0.324 （0.294）	-0.817*** （0.162）	-0.669*** （0.132）	-3.325*** （0.781）	-4.073*** （0.186）
家庭平均纯收入	0.336*** （0.029）	0.254*** （0.016）	0.183*** （0.014）	0.415*** （0.092）	0.682*** （0.018）
X	已控制	已控制	已控制	已控制	已控制
样本量	15968	65266	43346	2283	65266
R^2	0.025	0.014	0.027	0.065	0.094

注：该表涉及的估计中，我们控制了户主年龄、平均收入、户主教育程度、家庭人口以及主要收入来源。

（三）收入不平等对不同类型农户消费行为的影响

在这一部分，我们根据农户的不同特征对样本进行分类估计，以解决"什么样的农户更容易被收入差异影响其消费"这一疑问。

1. 收入不平等对不同收入阶层消费行为的影响

在表7-9中，我们分析不同收入阶层的农户，其收入差距对消费的影响是否存在差异。我们选择了两种指标来反映收入层级，其一是根据同地区同年龄组的收入五等分，位于收入最低的两个层级为贫穷阶层，收入最高的一个层级为富裕阶层；其二是以表现居民生活富足程度的恩格尔系数，当恩格尔系数大于0.5为贫穷阶层，当恩格尔系数小于0.2时为富裕阶层。

第一列和第二列反映了收入最低的40%和最高的20%的农户对收入差距的反应差异。当基尼系数上升0.1时，贫穷家庭的消费下降3.8%，而富裕家庭基尼系数则不显著，即其消费行为没有明显受到收入差距的影响。

第三列和第四列分别表示恩格尔系数较高的家庭和较低的家庭的消费行为受收入差距的影响。该结果与前面结果类似，随着基尼系数上升0.1，贫穷家庭的消费显著下降3.9%，而富裕家庭则没有显著的关系。

由此我们发现，收入差距的存在对高收入家庭的消费没有特别的影响，但对低收入家庭的消费行为存在显著的负面影响。

表7-9　　　　　　　**收入不平等对不同收入阶层消费行为的影响**

项目	因变量：家庭人均生活消费			
	收入阶层		恩格尔系数	
	(1)	(2)	(3)	(4)
基尼系数	-0.383 *** (0.074)	-0.064 (0.185)	-0.391 *** (0.103)	-0.177 (0.168)
家庭平均纯收入	0.349 *** (0.009)	0.545 *** (0.023)	0.408 *** (0.012)	0.374 *** (0.016)
X	已控制	已控制	已控制	已控制
样本量	25938	13158	7188	15436
R^2	0.169	0.125	0.358	0.132

注：该表涉及的估计中，我们控制了户主年龄、平均收入、户主教育程度、家庭人口以及主要收入来源。

2. 收入不平等对不同年龄层消费行为的影响

在表7-10的第一、第二列中，我们考虑收入差距对不同年龄层次的农户消费行为的影响差异。将所有样本根据户主年龄分为5个年龄层次，分别为：25—34岁、35—44岁、45—54岁、55—64岁和65岁以上，将较年轻的三个年龄组定为年轻阶层，较年长的两个年龄组定为年长阶层。

第一列对较年轻的样本进行了回归，其结果显著，且每当基尼系数上升0.1，年轻组农户的消费行为就会下降2.7%；而在针对较年长样本的第二列中，基尼系数的回归结果不显著。由此可以推断，收入差距对较年轻家庭的消费行为有显著的负面影响，但对年长家庭的消费影响不显著。我们认为这可以解释为，年长者的生命周期已经走到后段，开始消费其生命周期前段的储蓄和生命后期的收入，因而相较于较年轻者，其消费行为只会依循自己的收入，而不容易受到外界的影响。

3. 收入不平等对不同教育程度家庭消费行为的影响

在表7-10的第三、第四列中，我们对比了教育程度不同的家庭对收入差距影响消费行为的反应差异。我们把户主学历在高中及以上的家庭设为高学历家庭，把户主受教育程度在小学及以下的家庭设为低学历家庭。第三列和第四列分别表现了高学历家庭和低学历家庭的不同情况，其中高学历家庭的基尼系数没有显著的结果，而低学历家庭结果显著，且其消费随着收入差距的拉大显著地下降。

对于这一现象，我们可以作如下解释：教育程度高的家庭的消费决策相对理性，相对不容易受到周围人的行为的影响。

表 7 - 10　　收入不平等对不同年龄层、不同教育程度家庭消费行为的影响

项目	因变量：家庭人均生活消费			
	年龄层		教育程度	
	(1)	(2)	(3)	(4)
基尼系数	-0.274***	-0.079	-0.061	-0.256**
	(0.068)	(0.090)	(0.200)	(0.102)
家庭平均纯收入	0.400***	0.390***	0.432***	0.413***
	(0.007)	(0.008)	(0.021)	(0.009)
X	已控制	已控制	已控制	已控制
样本量	42842	22424	5322	19738
R^2	0.185	0.176	0.153	0.198

注：该表涉及的估计中，我们控制了户主年龄、平均收入、户主教育程度、家庭人口以及主要收入来源。

4. 收入不平等对不同地区家庭消费行为的影响

在表7-11中，我们研究不同地区的农户消费行为对收入差距的反应差异。

我们将所有样本的29个省市按照经济和地理区域分为东、中、西部。其中东部省市为北京、天津、河北、上海、江苏、浙江、福建、山东、广东、海南，中部省份为山西、辽宁、吉林、黑龙江、安徽、江西、河南、湖北、湖南，西部省市为内蒙古、广西、重庆、四川、贵州、云南、陕西、甘肃、青海、宁夏。

第一、二、三列分别展现了东、中、西部的农户消费对收入差距作出的反应。首先，东部样本的基尼系数不显著，反映了该地区农户的消费行为没有受到收入差距的显著影响；其次，中部农户的消费行为随着基尼系数每上升0.1会出现3.6%的下降；而西部农户的消费行为则受到收入差距的显著影响，当基尼系数上升0.1时，其消费会减少4.9%，比中部农户受到的负面影响更大。

表7-11　　　　收入不平等对不同地区家庭消费行为的影响

项目	因变量：家庭人均生活消费		
	东部	中部	西部
基尼系数	0.157 (0.122)	-0.356*** (0.073)	-0.493*** (0.089)
家庭平均纯收入	0.470*** (0.012)	0.369*** (0.007)	0.426*** (0.009)
X	已控制	已控制	已控制
样本量	17466	28990	18810
R^2	0.162	0.183	0.228

注：该表涉及的估计中，我们控制了户主年龄、平均收入、户主教育程度、家庭人口以及主要收入来源。

结合东、中、西部农户的收入、消费及基尼系数的对比（见图7-7），我们发现，东部收入显著高于中部和西部，而其基尼系数也是最低的，正是由于东部农民收入高、收入差距较小、生活质量高，其消费行为受收入差距的影响也就不明显了。但西部地区收入低且收入差距大，加上西部农村生活条件普遍比较恶劣，如果收入差距再扩大，对农村居民的消费会造成很大的打击。

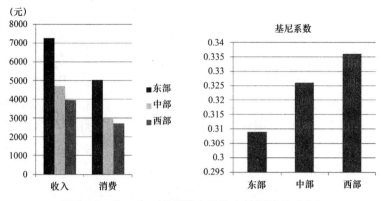

**图7-7 东、中、西部样本的收支差异情况（左），
东、中、西部样本的基尼系数（右）**

数据来源：根据《中国农村住户调查年鉴2011》整理。

5. 收入不平等对不同收入来源家庭消费行为的影响

在我国农村居民的收入结构中（见图7-8），家庭经营性收入和工资性收入占了约90%的比重，其中家庭经营性收入比重较大但其比重呈逐年下降趋势，而工资性收入比重较小但逐年上升。因此，我们选择用这两类收入来表现收入来源的差异。

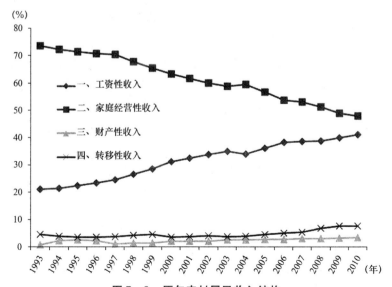

图7-8 历年农村居民收入结构

数据来源：根据《中国农村住户调查年鉴2011》整理。

对如何界定主要收入来源，我们采取了两种方式。第一种是将家庭经营收入占总收入比重大于 0.7 的家庭定性为家庭经营收入为主，若比重低于 0.4 则为家庭经营为辅。同样，当工资性收入占比大于 0.4 时，将该家庭定性为以工资性收入为主，若低于 0.4 则为辅。针对该标准而得到的估计结果列于表 7 - 12 的前四列。为了防止人为设定的标准对估计结果产生客观影响，我们同时还采用了农村固定观察点数据中的分组标志作为界定主要收入来源的第二种方式，相应的估计结果列于表 7 - 12 的五、六列。

表 7 - 12 中，第一列中显示的以家庭经营收入为主或样本的结果非常显著，且基尼系数每提高 0.1，其消费会相应下降 3.5%；相对应的第二列中，以家庭经营收入为辅的样本只满足 10% 的显著性水平，且随着基尼系数上升只下降了 2.0%。因此，家庭经营收入比重较小的农户的消费行为受收入差距的影响要明显小于比重大的农户。由于在农民的家庭经营性收入中农业收入占了很大的比重，我们也可以认为非农收入比重大的农户的消费行为受收入差距的影响相对较小。

而第三列和第四列分别显示了以工资性收入为主或为辅的样本的估计结果。对于以工资性收入为主的样本，不存在显著的估计结果；而以工资性收入为辅的样本的估计结果非常显著，且系数为 - 0.382。由此可见，工资性收入占比高的农户的消费行为相对不容易受到收入差距的影响。

此外，根据农村固定观察点数据的分组标志进行定性的估计也有类似结果。以家庭经营为主的家庭消费受到收入分配不均的显著影响，当基尼系数上升 0.1，其消费相应下降 3.7%；而家庭主要收入来源依靠受雇劳动者的，则没有明显受到收入差距的影响。

表 7 - 12　　　　收入不平等对不同收入来源家庭消费行为的影响

	因变量：家庭人均生活消费					
	家庭经营收入比重		工资性收入比重		家庭经营为主	受雇劳动者为主
	(1) 主	(2) 辅	(3) 主	(4) 辅	(5)	(6)
基尼系数	- 0.350 ***	- 0.197 *	- 0.159	- 0.331 ***	- 0.373 ***	- 0.156
	(0.076)	(0.111)	(0.113)	(0.061)	(0.059)	(0.162)

续表

	因变量:家庭人均生活消费					
	家庭经营收入比重		工资性收入比重		家庭经营为主	受雇劳动者为主
	(1) 主	(2) 辅	(3) 主	(4) 辅	(5)	(6)
家庭平均纯收入	0.327***	0.500***	0.512***	0.377***	0.385***	0.479***
	(0.008)	(0.012)	(0.013)	(0.006)	(0.006)	(0.018)
X	已控制	已控制	已控制	已控制	已控制	已控制
样本量	26400	22005	19949	45317	46840	10606
R^2	0.181	0.162	0.184	0.182	0.196	0.139

注:该表涉及的估计中,我们控制了户主年龄、平均收入、户主教育程度和家庭人口。

五 结论与建议

通过对农村固定观察点数据的计量估计和分析,我们发现农村收入差距对农村居民的家庭生活消费存在显著的负面影响。该结果可以对我国长期以来不断扩大的收入差距和持续低迷的国内消费给出一种解释。在我们使用的样本中,当基尼系数每提高0.1,农户人均生活消费就会随之下降3.0%。

而在农村居民的支出中,食品、衣着、燃料、教育、医疗、旅游、交通通信方面的支出均受到收入差距的负面影响,其中,当基尼系数提高0.1时,旅游和交通通信支出会分别显著下降33.3%和40.7%,受收入差距影响非常大。因此,对农村居民而言,收入分配不均的存在,不论是对其基本生活消费还是对影响其生活品质的消费都将产生负面影响。

此外,我们还发现了诸多能够通过收入差距来制约农村居民消费的因素。就收入而言,收入差距的扩大更容易对低收入者的消费产生负面效应;就年龄段而言,年轻的农户比年老的农户更容易受到收入分配不均的负面影响;就教育背景而言,教育程度较低的农户更容易因收入差距而减少消费;而从我国的不同地区来看,农户消费行为受收入差距的负面影响自西向东不断减弱,且在我国东部沿海省份,农户的消费行为并没有显著受到收入差距的影响;最后,以家庭经营性收入为主、以工资性收入为辅的家庭的消费受到收入差距负面影响更为强烈。

综上，我们的结论让我们意识到缩小收入差距对于扩大农村居民消费的重要意义。针对以上结论，我们认为政府以"缩小农村收入差距，促进农民消费需求"为目的可以作如下努力：

（1）运用再分配政策以缩小收入不平等程度，包括缩小城乡收入差距和农村内部收入差距。具体地，一方面政府可以通过农业补贴的方式对农业经营者进行补偿；另一方面政府应该增加对农村基础设施建设和农村教育的投入，以此来增加农民收入。

（2）增加对社会保障建设的投入。进一步完善新型农村合作医疗，建立完善的农村养老保险体系，只有解决了农民养老和医疗的后顾之忧，其消费需求才能够被大量激发。

（3）加快农业产业化和现代化发展。我国农村经济发展水平落后的一个重要原因是农业生产率较低，推广农业规模化经营，为农民提供农业技术支援等措施都有利于促进农业的发展，从而有利于提高农民收入，缩小收入差距。

（4）鼓励非农产业的发展。促进乡镇企业以及个体和私有企业的发展，政府可以在信贷、税收、人才流动方面给予一定的优惠政策；鼓励各地农村利用本地区的优势发展特色旅游业。

（5）大力发展农村教育事业，提高农民素质。落后的教育是农村贫困的基本因素，因此政府应该加强对农村基础教育的投入，同时也应该重视对农村居民的职业技术教育。

（6）持续促进西部地区农村经济发展。我国西部各省份的农村由于自然条件恶劣，长期以来经济发展缓慢，农民生活贫困。政府一直以来都坚持给予西部地区各类优惠政策和投入，但我们认为，政府在保证对西部地区投入的同时，应该对西部贫困地区以开发为主，辅以救济。只有这样，才能在保障西部农村居民的基本生活的基础上，扩大其收入。

（7）切实保障农民工利益。当前，外出务工已成为中国农民创收的重要方式，因而政府应该从劳动保障、医疗保障、农民工子女就学等多方面来保障其利益。

第八章

社会保障政策对居民消费的影响：
以新农合为例的研究[①]

国民收入分配核算理论指出，居民消费比重较低与储蓄率较高，是一个硬币的两面。中国的高储蓄率，已经成为一个世界瞩目的现象。虽然一些研究（李扬等，2007）已经指出，中国的高储蓄率主要是企业储蓄和政府储蓄不断攀高的结果，但是居民部门的储蓄也是研究的焦点问题。横向比较来看，中国的居民储蓄倾向依然较高（Horioka et al.，2006）。所谓储蓄倾向较高，即意味着居民消费不足，这是当前中国内需不足的突出问题。

当前，努力扩大以消费为主体的内需增长，调整经济结构，已经成为我国经济政策方面的共识。因此，理解中国居民部门的储蓄行为（或者说消费行为），进而明确财税政策如何影响到居民的储蓄行为，是一个极其重要的研究主题。从其他国家经验来看，社会保障支出对居民的储蓄和消费行为有重要影响。以新型农村合作医疗为代表的居民医保，是2003年以来中国财政支出结构调整的重大事件。这类社会保障支出是否影响了居民的消费支出？对于不同群体的居民影响是否有所不同？本章以农村固定观察点数据为基础，采用计量方法进行分析。

一　引言

如 Barnett 等（2010）所总结的：预防性储蓄动机，是解释中国居民部门较高储蓄率的一个重要因素。一般认为，由于我国的医疗保障、养老保障等社会事业发展不足，城乡居民出于对当前和未来健康风险、生存风险的担忧而不敢消费，进而导致其储蓄倾向偏高。由此在政策上的推论

---

① 本章根据与周晓燕合作的论文改写而成，原文发表于《经济科学》2011年第2期。

是，加快医疗、养老等社会保障体系的建设，应当可以提高居民的消费倾向（或者说降低其储蓄倾向），进而有助于国民经济的有效平衡。Barnett等（2010）利用宏观数据对中国城市居民储蓄行为的研究，发现政府的医疗支出能够有效降低城市居民的储蓄率，这在一定程度上证实了以上观点。

本章主要利用农村固定观察点的大型微观调查数据，研究新型农村合作医疗制度（以下简称新农合）对农村居民储蓄行为的影响，或者说对于居民消费行为的影响。2003年，我国启动了新农合的试点工作。到2008年实现了全面覆盖，参合人口数从试点初期的0.8亿，逐年稳步增长，截至2012年6月底，参合人口达到8.12亿，参合率达到95%以上。① 至今为止，新农合是我国农村地区覆盖面最广，最为重要的一项社会保障制度，也是近年最为重大的一项公共政策改革。其是否会影响农村居民的储蓄行为？对这一问题的回答，是对新农合实施效果进行全面评估的重要领域，一定程度上也关系到农村地区公共政策的未来走向。利用数据对此进行的科学分析，可以为进一步的政策讨论提供坚实的基础。

我们的研究发现农户参加新农合将使其家庭储蓄显著减少，但这种减少农户家庭储蓄的效应随着时间的延续而呈显著的减弱趋势。在稳健性检验中，我们使用了不同的样本和方法，得到了类似的结果。我们还发现新农合对不同收入水平农户家庭的储蓄行为的影响程度不同，对高收入农户家庭储蓄行为的影响可能要大于对低收入农户家庭的影响。同时，新农合对经济发达地区农户家庭储蓄行为的影响要大于对经济欠发达地区农户的影响。

本章第二部分回顾了相关的国内外文献；第三部分对实证模型进行了设定，并对数据来源和变量设置进行了说明；第四部分对模型的参数进行了估计，并对相应的结果进行了稳健性检验；第五部分是对本章的简要总结。

二　文献综述

当人们关于未来的收入或支出的预期具有不确定性时，就会增加一部

① http://www.moh.gov.cn/mohbgt/s3582/201209/55893.shtml.

分储蓄以平滑不确定条件下的当前消费和未来消费，这种储蓄动机被称为谨慎性储蓄动机。谨慎性动机储蓄理论相关的研究路径包括：养老保险和储蓄率的研究、医疗健康保险和储蓄率的研究以及失业保险和储蓄率的研究。就医疗健康保险和储蓄率相关研究领域而言，Leland（1968）首次研究了由于未能参加保险导致的居民日益增加的预防性储蓄行为。Kotlikoff（1989）用一个两期模型来说明医疗费用支出的不确定性会导致预防性储蓄行为，并通过仿真验证了自我支付医疗费用的个体需要花费掉个人一生财富的三分之一，而公平的医疗保险替代自我支付可以减少12%的储蓄，从公平的医疗保险转到政府提供的医疗救助，储蓄进一步减少75%。Hubbard 等（1995）将不确定性因素扩展到收入、生命周期及医疗支出等，从理论和经验上证明经过资格审查以获得社会医疗救助的低收入个体没有动机进行预防性储蓄。这表明社会保险计划降低了未来医疗支出的不确定性，从而减少了家庭储蓄。Powers（1998）的研究结果证实了以上的结论。Gruber 和 Yelowitz（1999）则利用消费支出调查以及收入和计划参与的调查数据，发现从1983年到1994年医疗救助计划使得低收入家庭财富减少7.2%。这也进一步验证了 Hubbard 等（1995）的研究结果；社会保险和消费支出之间存在显著的正相关关系。但一些研究也发现社会健康保险和储蓄以及财富积累之间存在显著的正相关性（Kantor & Fishback，1996；Engen & Gruber，2001；Farley & Wilensky，1985），甚至 Starr - Mc-Cluer（1996）在控制了自选择效应后，健康保险和财富积累仍然存在显著的正相关关系。

　　总的来看，以上实证分析得出的结论并不一致，其中主要原因在于研究采用了不同数据及不同的研究方法。在目前的文献中，关于医疗健康保险和储蓄行为的实证研究存在三种不同的选择：第一种实证研究采用了私人保险（private health insurance）数据（Starr - Mclure，1996；Guariglia & Rossi，2004）；第二种实证研究采用了公共健康保险（public health insurance）数据（Gruber & Yelowitz，1999；Maynard & Qiu，2005）；第三种实证研究采用了全民医疗保险（universal health insurance）数据（Chou et al.，2003，2004）。

　　Starr - Mclure（1996）发现美国的私人健康保险和家庭储蓄行为呈正相关关系，她采用了 OLS 和极大似然选择模型，研究结果显示健康保险对家庭的财产有显著的正效应。Guariglia 和 Rossi（2004）也研究了私人医疗保险对储蓄行为的影响，但使用了英国 Household Panel 的调查数据，其研究结果支持 Starr－Mclure（1996）的结论，健康保险增加了储蓄的可能性。

Gruber 和 Yelowitz（1999）认为私人健康保险可能是内生性的，风险规避型的人更可能既购买私人健康保险同时也积累财富，这种自选择问题是很难控制的。因此他们选取医疗补助 Medicaid（一种对申请者的经济和财产状况进行审核的公共健康保险计划）而非私人健康保险以避免自选择问题。这是因为 Medicaid 更具外生性。其研究结果表明 Medicaid 对家庭的财产具有显著的负效应。Maynard 和 Qiu（2005）也研究了医疗补助对家庭储蓄的影响，以及在不同家庭财富水平上的效应，结果证实了 Gruber 和 Yelowitz（1999）的研究结论。

利用 Medicaid 进行的研究可以有效缓解自选择问题。然而，正如 Hubbard 等（1995）所言，建立在家庭财产基础上的社会保险计划的经济审核，对储蓄行为具有两种影响，一方面社会保险可能通过减少不确定医疗支出的风险，而削弱预防性储蓄的动机；另一方面一些家庭可能消费掉部分家庭财富，为了通过社会健康保险的经济审核，比如 Medicaid。因此，很难区分较低的储蓄率是预防性储蓄的减少还是经济审核效应导致的。为了更准确地评估健康保险的储蓄效应，并避免自选择问题以及对经济状况、财产状况进行审核带来的问题，Chou 等（2003）运用中国台湾的全民健康保险（National Health Insurance，NHI）数据，采用了双重差分模型 DID 来检验全民健康保险对家庭储蓄行为的影响，结果表明社会医疗计划能平均减少 8.6%—13.7% 的储蓄。随后，Chou 等（2004）使用了中国台湾的全民健康保险数据来分析在不同生命周期中健康保险和储蓄行为之间的关系，也证实了全民健康保险和家庭储蓄行为的负相关关系。全民健康保险从 1995 年开始实施，最终覆盖了台湾的所有居民。建立在这种数据基础上的实证分析可以避免自选择问题，而自选择问题容易引起估计结果的偏差。另外，这种健康保险计划不会对申请者的经济财产状况进行审核，因而能更准确地衡量储蓄行为如何受到不确定的健康支出减少的影响。

万广华等（2003）运用 1995—2000 年农户家庭调查数据对转型期中国农户家庭储蓄行为进行实证研究，结果表明预防性储蓄动机对农户储蓄率的上升贡献很大。刘兆博、马树才（2007）采用 CHNS 数据对 1996—2003 年中国农民预防性储蓄行为进行经验研究，研究结果证实农户预防性储蓄行为的显著存在,且不确定性对预防性储蓄动机有正向影响。颜媛媛、张林秀等(2006)对新型农村合作医疗的实施效果进行分析,结果发现新农合的补偿比率较低,并没有真正起到减轻农民医疗支出负担的作用。陈在余、赖旭光(2007)运用 CHNS 数据研究得出结论,新型农村合作医疗制度并没有为农村居民提供足够的医疗保障。中国的新型农村合作医疗体系不同于美国的医疗救助,不需要对个体进行经济和财产状况的资格审查,既避免了由于审核所带来的问题;同时又由于新型农村合作医疗是在全国范围以县为单位依次推广实施的,政府提供了高比例的补助,因此可以部分缓解由于自选择而带来的内生性问题。目前,国内关于新型农村合作医疗制度对农户家庭储蓄行为的经验研究并不多见,主要原因是现行的中国新型农村合作医疗制度始于 2003 年,相关的数据还非常有限,经验研究难以获得持续有效的数据支持。本章选用农业部 2003—2006 年基于农村固定观察点的调查,涉及中国 31 个省市的微观数据,旨在运用微观数据的经验研究以丰富这方面的文献。

三 模型设定和数据描述

本章试图利用双重差分模型(difference – in – differences model)来实证分析新型农村合作医疗制度对农户家庭储蓄行为的影响。在 Ashenfelter 和 Card(1985)的开创性研究之后,DID 方法在政策研究中得到日益普及(Chen,Mu & Ravallion,2006;Wagstaff & Yu,2006;Ravallion,2007)。如果一项公共政策的实施可被视为自然试验,也就是说对于政策的施加对象而言,公共政策通常是外生给定的,此时可通过比较受到公共政策影响的处理组(treatment group)和未受到公共政策影响的对照组(control group)来评估政策所产生的效果。但是,如果简单地对政策发生后不同群体进行比较(处理组和对照组),或者对同一群体在不同时期进行比较(处理前和处理后),得到的估计结果都是有偏颇的。前者忽视了不同群体本身在同一时期可能存在的不可观测的系统性差异,而后者忽视了政策施加期间可能存在的其他变化影响。双重差分模型(DID)的优势在于它既能控制处理组和对照组之间不可观测特征的差异,又能够控制结果变量中随时间变化的不可观测特征的影响,其主要思路是利用一个外生的公共政策所带来的横向单位(cross – sectional)和时间序列(time – series)的双重差异来识别公共政策的"处理效应"。自 2003 年起在全国范围内逐步推广实施的新型农村合作医疗制度,相当于一种"自然试验"(natural experiment)。对于新农合试点地区的农户家庭而言,新农合医疗政策可以被认为是外生的事件。由于新农合试点在样本期内是分层次推进的,我们可以通过把新农合试点县(市、区)已参合的农户家庭,和新农合非试点县(市、区)农户家庭以及试点县(市、区)未参合农户家庭的储蓄行为进行对比分析,综合考虑这两种差异来识别政策效果。

双重差分模型可以表示为线性回归方程,假设 y_{it} 表示因变量,也就是我们所关心的政策评估结果变量,本章设定计量模型为:

$$y_{it} = \beta_0 + \beta_1 x_{it} + \gamma z_{it} + u_t + \alpha_i + \varepsilon_{it} \qquad (1)$$

其中,i 表示个体,t 表示时期。模型中 x_{it} 表示 t 时期,个体 i 是否发生了"处理"的虚拟变量,z_{it} 是其他控制变量,u_t 为 t 时期的虚拟变量,α_i 表示个体 i 不随时间变化的非观测效应。上述模型中处理所产生的因果关系表现为 $E(y \mid x = 1) - E(y \mid x = 0)$,如果对于模型中的 z 而言,"处理组"和"对照组"的区分是随机的,设定 $\eta = \alpha + \varepsilon$,有 $E(\eta \mid x, z) = 0$,则最小二乘法能够给出模型(2)中设定的系数 β_1 的一致估计值。

$$y_{it} = \beta_0 + \beta_1 x_{it} + \gamma z_{it} + u_t + \eta_{it} \qquad (2)$$

此时估计值 β_1 称为差分估计值,η_{it} 是特异性扰动项(idiosyncratic disturbances),代表个体因时间而变动且影响 y_{it} 的那些非观测扰动因素。而如果 $E(\eta \mid x, z) = 0$ 无法得到满足,只要有 $E(\varepsilon \mid x, z) = 0$,那么面板数据的固定效应模型也可得到参数的一致性估计,此时模型(1)中的 β_1 就称为双重差分估计值。

双重差分模型估计正确性的一个重要条件是解释变量必须是严格外生的,也就是说任何时期的解释变量和任何时期的特异性扰动项都没有关系。这要求公共政策的变化必须是外生的。而"自然试验"本身可能引起一些内生性的反应,使得政策评估结果产生偏差。例如一项公共政策的推行,使得处理组和对照组的个体分配事后内生于这项公共政策的"处理",此时的政策评估结果是有偏差的。由于当前中国的户籍制度和土地产权制度,以及新型农村合作医疗将在全国范围内依次推行的明确预期下,农户因为新农合而迁徙的情况几乎很少。另外,在我国,样本农户能否加入新农合的首要条件,是其所在县能否成为试点县。而后者又取决于该地区财政状况等多种复杂因素,在一定意义上是由外生因素决定的。由此可见,本章的研究所遇到的内生性问题将会大大缓解。由于本章使用的是面板数据，通过组间差分，可以消除掉非观测效应，避免了混合截面数据可能造成的有偏且不一致的估计结果。且面板数据的双重差分模型不仅可以利用解释变量的外生性，也可控制不可观测的个体异质性对因变量的影响。

自然试验方法用于政策评估的合理性的另一个威胁在于自选择效应，也就是试验对象被选入处理组或对照组和影响政策结果的有关变量是相关的。在新农合的开展中，虽然农户所在县是否成为试点县，对于农户能否参合来说是外生事件，但由于新农合强调自愿参保原则，使得即使在新农合试点县，单个农户是否参合也具有一定的自选择性。例如家庭中有患病风险更高成员的农户，将更有积极性参保。因此，本章的计量研究也面临着如何处理这类内生性问题的困扰。首先需要指出的是，较之于一般的研究医疗保险对于参保人行为影响的文献而言，本章研究所面临的内生性问题更为轻微。其原因在于，新农合是由政府提供高额补贴的公共医疗保险项目。政府的高额补贴，以及基层政府的广泛动员，使得新农合的参保率非常高。[①]　与一般的医疗保险相比较，新农合基于健康风险原因所产生的参保自选择效应大大弱化。其次，本章研究基于面板数据，以及采用的DID方法可以部分缓解这种内生性。当存在自选择效应时，此时处理组和对照组的简单比较可能混淆政策带来的影响和其他与政策结果相关的特征所带来的影响。自选择效应可以根据与政策结果相关的特征能否被观测来进行区分。对于那些可观测特征而言，处理组和对照组的差异只是特征上的可观测差异，具有同样可观测特征的个体被选入处理组和对照组则是随机的。而当不可观测变量中存在自选择效应时，在控制了可观测特征之后对处理组和对照组进行比较无法对政策结果进行有效的评估。在这种情况下，本章采用DID方法可以更好地控制不可观测特征的差异所造成的偏差（Blundell et al.，1998）。

本章的数据来源于中共中央政策研究室和农业部农村固定观察点数据，农村固定观察点成立于1984年，是中国第二大农村入户观测系统。目前，农村固定观察点的调查样本覆盖了中国31个省（自治区、直辖

---

① 从我们在黑龙江调研的情况来看，2006年多数试点县参合率都在90%左右。农村中未能参加新农合的农户，大多数都是因为外出务工、报销不方便且难以联系。当然，也存在部分农户因为家里年轻人多，从而不愿参加新农合的情况。

市），包括 346 个县（市、区）中的 360 多个村庄，在每个村庄中选取
20—200 个农户为调查对象，共计 24000 多个农户。如此大的样本规模可
以使我们在模型估计中自由选用虚拟变量而不受限制。本章的研究范围涉
及 2003—2006 年的相关社会经济数据，由于新农合试点于 2003 年启动，
目前农村固定观察点数据中已有 203 个县开展了新型农村合作医疗的试
点。由于各地开始推行新农合的时间有显著差异，由此我们的样本农户
中，一部分来自未开展新农合试点的县，另一部分来自已开展新农合试点
的县。而在后者的样本农户中，一部分已参加新农合，另一部分未参加新
农合。新农合在样本期内分层推进，这样的数据结构使得我们可以把新农
合视为一种"准自然试验"并对它的效果进行评估。我们将开展新农合试
点县的调查村中参加新农合的农户家庭看作处理组，而将未开展新农合试
点县的调查村中的农户以及虽开展新农合试点但并未参加新农合的农户家
庭看作对照组。

　　本章选取的因变量为农户家庭储蓄总额，定义为农户家庭全年总收入
减去家庭全年总支出，以 s（千元）来表示。自变量的选择按照相关理论
的关联性和数据的可得性原则进行。由于在原始数据库中并没有明确标识
出农户家庭是否参加新农合，因此，判断农户是否参合是本章实证结果是
否可信的关键所在。本章设置了四个虚拟变量 ncms1、ncms2、ncms3 以及
ncms4 来判断农户是否参加了新型农村合作医疗。其中 ncms1 是根据村表
来判断的，也就是在村表中，如果一个村参加新农合的户数大于 0，则默
认这个村所有农户均参加了新农合，ncms 为 1，否则为 0。而 ncms2 是以
农村固定观察点的农户调查表为依据来界定的，户表中的保险支出栏中列
有农户的生命保险支出数据，如果农户家庭生命保险支出大于 0 且小于
500 元，则 ncms2 为 1，否则为 0。[①] Ncms3 是在 ncms1 和 ncms2 基础上根
据村表和户表作出的更为严格的判断。即如果农户所在村参加新农合的户
数大于 0，同时农户家庭年生命保险支出大于 0 且小于 500 元，则认为该
农户家庭参与了新农合，ncms3 为 1；而把农户所在村参加新农合的户数

---

① 新型农村合作医疗在全国各地的起伏标准、封顶线、共保率和覆盖率方面都有很大的差
异，同时为了防止逆向选择，政府规定新农合的参与要以家庭为单位。我国各地农村居民每人每
年有不同的缴费标准，但最低参合费为每人每年 10 元。事实上，全国大多数地方个人缴费标准在
10—20 元，东部发达地区较高一些，在 30—50 元。以农户家庭每户 10 人为标准，假设农户家庭
生命保险支出大于 0 且小于 500 元为参与新型农村合作医疗的临界标准。

等于 0，且农户家庭年生命保险支出等于 0 或大于 500 元的农户，界定为农户未参合，ncms3 为 0。ncms4 则是在对固定观察点中被调查的村进行一一排查，核实该村具体参合的时间，然后在此基础上再根据农户调查表来判断农户是否参合。[①] 具体步骤是先确定该村在某年是否参合，若参合且农户家庭生命保险支出大于 0 且小于 500 元，则 ncms4 为 1，否则为 0。

本章设置的控制变量包括农户所在村的村经济发展状况，本章给出的变量为全村人均纯收入，以 perincome（千元）来表示，可以较为准确地概括农户所在村庄的经济发展程度。我们认为农户参与新型农村合作医疗以及农户家庭的储蓄行为都受到农户所在村的经济发展状况的影响。在经济发展状况较好的农村，农户对未来收入不确定性的预期减弱，这可能导致农户减少其家庭储蓄。同时，经济发展状况较好的农村，农户对新型合作医疗的选择高于经济发展状况不好的农村。这可能有多方面的原因，经济条件好的农村农民有强烈的保持现有生活状况、防范疾病不测风险的愿望；而贫困地区的农民健康价值观低下，生活期望值较低，可能更关注于常态基本生活保障。另外，一般而言，经济发展状况好的地区基层政府，其管理效率要好于贫困地区的基层政府，可能导致两个经济发展状况不同的地区的农民对新型农村合作医疗的认知程度不同，这也影响农户家庭的参合率。

控制变量还包括农户家庭特征变量：户主年龄（age）和户主年龄的平方项（agesq），之所以设置平方项是因为很多研究表明年龄与储蓄的关系呈"∩"关系（Deaton & Paxson，2000）。当户主较为年轻时，其父母同时也具有劳动能力，没有孩子或孩子较小，因而储蓄较高；而当户主处于中年时，家庭可能有老有小，储蓄自然很低；而户主年龄超过 50 岁，其父母可能已去世，而孩子都已成为劳动力，其家庭储蓄自然较高。另外，处于转型期的中国农村，教育和胆略使得年轻人较中老年人赚取收入的机会更多，这也会影响家庭储蓄。户主的教育程度（edu）以及配偶的教育程度（edusq），以在校时间长度来表示。一方面，受到良好教育的家庭所面对的不确定性相对较小，因而储蓄的比例也就越低；另一方面，受教育程度较高的户主及配偶又会把更多的支出作为投资放在下一代的教育

---

① 我们利用网络收集了各个调查点所在的 346 个县（市）是否已经开展新农合的信息。如已开展，我们同时收集其新农合的相关文件。通过这些文件，就可判断该县实施新农合的准确时间。利用这些信息，如果调查点所属行政县（市）在某一年开展了新农合，则我们界定该调查点当年已实施新农合。

上，由此储蓄的比例又会增加。其他的家庭特征变量还包括家庭中 18 岁以上孩子的数目 (above18)、18 岁以下孩子的数目 (under18)，以及年老的父母或祖父母的数目 (oldernum)、户主的性别 (sex)。其中前三项和家庭劳动人口负担率相关，影响家庭的储蓄行为。

本章还设置了反映地区效应的虚拟变量，以代表那些观测不到的不随时间变化的地区特征，其中东部地区包括辽宁、广东、北京、山东、福建、天津、江苏、浙江和上海，以 east 来表示；中部地区包括吉林、海南、江西、安徽、湖南、湖北、山西、黑龙江、河南以及河北，以 middle 来表示；西部地区包括西藏、广西、贵州、云南、甘肃、青海、陕西、内蒙古、新疆、宁夏、四川和重庆，以 west 来表示。控制变量中用 year 来表示年度效应，year3 表示 2003 年，year4、year5 和 year6 依次表示 2004 年、2005 年和 2006 年。

此外，为了考察农户家庭参与新农合对其储蓄行为的影响在时间上的变化趋势，本章分别考察了参加新农合的每一年分别对农户家庭储蓄行为的影响。此时农户家庭参合以 ncms3 为判断标准，其中 y2003 表示在 2003 年参与新农合的农户家庭，为 1 表示在此年中农户参与新农合，否则取值为 0，y2004、y2005 和 y2006 依此类推。表 8－1 为主要变量的描述性统计，为了得到农户参加新农合对农户家庭储蓄行为影响的直观印象，以及了解经济发展状况不同的地区和具有不同家庭特征变量的农户家庭参与新农合的差异，本章将处理组和对照组的样本农户进行对比 (见表 8－1)。表 8－1 中的处理组和对照组是按照 ncms3 为标准进行判断的，也就是 ncms3 取值为 1 为处理组，否则为对照组。之所以选取 ncms3 为参合判断标准，是因为本章的基本回归模型中是以 ncms3 为农户参合的判断标准的。从表 8－1 中处理组和对照组的统计数据中可以看出，在以 ncms3 来严格界定农户是否参合的情况下，剔除了一些难以确定是否参合的样本农户，此时的样本只有总样本的一半左右。在样本期内，处理组的农户家庭全年储蓄总额的均值要远大于对照组的农户家庭全年储蓄总额的均值，也大于总样本中农户家庭储蓄总额的均值，这之间是否存在因果关系，是什么样的因果关系还要待本章的实证模型给出结论。而在处理组和对照组所在的村经济发展状况变量中，我们还发现样本期内处理组农户所在村的全村人均纯收入变量的均值，显著大于对照组农户所在村的此变量的均值，也大于总样本中全村人均纯收入变量的均值。这可能意味着在经济发达的地区，农户家庭参合的比率要高于经济不发达地区的农户参合率。

表 8 - 1　　　　　　　　　　主要变量的描述性统计

Variable	总样本		处理组		对照组	
	Mean	Std. Dev.	Mean	Std. Dev.	Mean	Std. Dev.
s	15.4679	47.712	18.105	25.473	15.116	49.926
ncms2	0.24	0.43	—	—	—	—
ncms3	0.13	0.33	—	—	—	—
ncms4	0.11	0.31	—	—	—	—
edu	6.90	2.56	6.75	2.52	6.92	2.56
edusp	49.30	10.34	50.91	10.59	49.07	10.28
age	50.75	11.168	51.97	11.13	50.61	11.15
agesq	2701.223	1168.66	2825.44	1163.05	2685.41	1167.78
sex	0.96	0.19	0.95	0.21	0.97	0.18
above18	0.58	0.82	0.40	0.69	0.60	0.83
under18	1.03	1.06	1.11	1.09	1.02	1.06
oldernum	0.16	0.44	0.16	0.42	0.16	0.44
perincome	3.420	2.311	3.908	2.505	3.353	2.275
Obs	52273	6733	45540			

四　实证结果

（一）基本回归结果

表 8 - 2 为方程 1 的 OLS 参数估计值。（1）至（3）栏为添加了包括家庭特征变量、村经济发展状况变量、地区虚拟变量以及年度虚拟变量的参数估计结果。（4）栏为不包括控制变量的农户参加新农合对其储蓄行为

影响的时间趋势参数估计。而（5）至（8）栏也同样在包含了以上控制变量的情况下，考察样本期内新农合对农户家庭储蓄行为影响的时间趋势。

表 8 - 2　　　　　新型农村合作医疗对农户家庭储蓄行为影响的差分估计

	因变量：农户家庭全年储蓄总额							
	（1）	（2）	（3）	（4）	（5）	（6）	（7）	（8）
ncms2	-2.409 *** (-4.56)							
ncms3		-2.073 *** (-3.12)						
ncms4			-2.438 *** (-3.36)					
y2003				-15.098 *** (-8.72)	-6.172 *** (-3.04)	-6.17 *** (-3.04)	-6.17 *** (-3.04)	-6.172 *** (-3.04)
y2004				2.41 ** (2.68)		-1.74 (-1.57)	-1.75 (-1.58)	-1.756 (-1.58)
y2005				6.425 *** (5.81)			-0.517 (-0.38)	-0.526 (-0.38)
y2006				6.617 *** (6.78)				-2.17 * (-1.82)
_ cons	9.225 * (1.93)	7.951 * (1.67)	7.99 * (1.68)	15.116 *** (78.154)	7.263 (1.53)	7.447 (1.57)	7.548 (1.59)	7.575 (1.59)
Obs	52273	52273	52273	68815	52273	52273	52273	52273
R - squared	0.053	0.053	0.053	0.002	0.053	0.053	0.053	0.053

注：括号内为 t 统计量，10%、5% 和 1% 的显著水平分别用 *、**、*** 表示（以下表格同）。

（4）栏的模型设定仅包含常数项；（1）至（3）栏以及（5）至（8）栏的回归均控制了家庭特征变量，包括户主的教育程度、户主的年龄以及年龄的平方、配偶的教育程度、18 岁以上孩子的数目、18 岁以下孩子的数目以及年老的父母或祖父母数目。此外还控制了村经济发展状况虚拟变量、年度虚拟变量和地区虚拟变量。

表 8 - 2 中的参数估计结果显示，无论是以 ncms2、ncms3 还是 ncms4 为参合判断标准的参数估计中，农户参合都将显著地减少其家庭储蓄。新农合对以 ncms4 为标准来判断农户参合的样本农户的储蓄行为影响较大，且更为显著。本章的实证研究中最关键的变量，同时也是最富有争议的问题在于如何判断农户家庭是否参加新农合。为此本章依次设置了 4 个虚拟

变量，其中 ncms2 和 ncms3 作为基本回归模型的变量，得到的模型参数估计符合我们的预期方向。ncms4 则是在排查基础上设置的判断农户家庭是否参合的标准。在新农合对农户储蓄行为影响的时间趋势的参数估计中，无论是包括控制变量的参数估计还是不包括控制变量的参数估计，新农合在第一年都将显著减少农户家庭的储蓄，但这种抑制农户储蓄行为的效应随时间而呈显著的减弱趋势。这表明，从长远看农户参加新型农村合作医疗并不能消除农户对未来收入和医疗支出不确定性的预期，农户家庭的储蓄行为并不会因为参合而显著减少。

　　表 8 - 3 为新型农村合作医疗对农户家庭储蓄行为影响的双重差分模型的参数估计，从表 8 - 3 可知，双重差分模型的参数估计结果和差分模型参数估计的结果基本一致，农户参加新农合将使其家庭储蓄减少 1111 元至 1668 元。ncms2、ncms3 和 ncms4 的系数都为负数，表明农户家庭参加新农合将显著减少其家庭的储蓄。而在新农合对农户家庭储蓄行为影响的时间趋势变化的参数估计中，农户家庭参合第一年将显著减少其储蓄，且影响的幅度较大。农户家庭参合第二年也将减少其家庭的储蓄，但不显著。从表中可以看出，参合对农户家庭储蓄行为的负相关影响随着时间而呈现明显的下降趋势，这种新农合对农户家庭储蓄行为影响的时间趋势也和差分模型所得出的结果一致。出现这一现象的原因，可能是多方面的。首先，新型农村合作医疗的保障程度尚不高。在本章研究样本期，全国大部分地区人均筹资额度（含政府补贴）不超过 50 元。这也导致农民住院所能实际享受的报销比率大多在 20% 左右。在新农合实施之初，农民可能对于能享受到大病保障有模糊的认识，随着制度的逐步推广以及越来越多案例的出现，农民逐渐认识到大病保障还得主要依靠自己，新农合制度减少其储蓄倾向的影响自然越来越弱。其次，新农合的实施甚至可能逐步推高部分农民的自负医疗费用，这也导致其对农民储蓄倾向的影响逐步减弱。在新农合实施初期，对于医疗服务提供方缺乏有效的制约手段。这种现状导致一些地方的医疗机构存在诱导需求的倾向，诸如住院率大幅上升，医疗费用进一步增加，进而使得虽然新农合提供了部分报销，但农民自负医疗费用的绝对额可能在上升。从中国农村的现状来看，在新农合实施之前，部分农民的医疗服务需求实际上处于被压抑的状态，新农合实施之后这种压抑的需求得以释放，由此随着新农合的逐步推开，部分农民开始考虑未来可能的自负医疗支出了。从这两种情况来看，随着新农合实施

时间的推移，虽然农民能获得报销的相对比重有所改善，但自负的医疗费用绝对额不一定会下降多少。随着农民逐步认识到这一点，新农合对其储蓄倾向的影响逐步减弱。最后，自 2003 年试点启动之后，在本章研究样本期内，新农合的推广工作实际上略显缓慢。这也可能导致部分农民对新农合的信心不强。需要指出的是，以上分析尚缺乏坚实的证据，关于新农合对农民储蓄倾向的影响逐步减弱的真实原因，尚需进一步深入研究。在 2007 年之后，我国大大加强了新农合的推广力度和保障程度，这一现象是否存在或者发生了什么变化等问题，也需要进一步的实证研究。

表 8 - 3　　　　　　　　　固定效应面板模型：双重差分估计

	因变量：农户家庭全年储蓄总额						
	（1）	（2）	（3）	（4）	（5）	（6）	（7）
ncms2	- 1. 668 *** （ - 4. 50）						
ncms3		- 1. 111 ** （ - 2. 38）					
ncms4			- 1. 129 ** （ - 2. 18）				
y2003				- 7. 095 *** （ - 3. 79）	- 7. 103 *** （ - 3. 80）	- 7. 034 *** （ - 3. 76）	- 7. 089 *** （ - 3. 79）
y2004					- 0. 224 （ - 0. 46）	0. 029 （0. 06）	- 0. 170 （ - 0. 33）
y2005						1. 659 * （2. 00）	1. 352 （1. 65）
y2006							- 1. 247 （ - 1. 46）
_ cons	15. 545 （1. 33）	14. 842 （1. 27）	14. 828 （1. 27）	14. 991 （1. 28）	14. 965 （1. 28）	14. 900 （1. 27）	15. 183 （1. 29）
Obs	52273	52273	52273	52273	52273	52273	52273
Adjusted R2	0. 055	0. 055	0. 055	0. 055	0. 055	0. 055	0. 055

注：（1）至（7）栏的回归均控制了家庭特征变量，包括户主的教育程度、户主的年龄以及年龄的平方、配偶的教育程度、18 岁以上孩子的数目、18 岁以下孩子的数目以及年老的父母或祖父母数目。此外还控制了村经济发展状况虚拟变量、年度虚拟变量和地区虚拟变量。

总的来看，无论是包含了控制变量的模型还是不包含控制变量的模型，从各参数估计值来看，差分估计值和双重差分估计值基本一致，进一步支持了农户特定的不随时间变化的特征与其是否参加新农合没有系统性的关联，也表明基本回归结果的稳健性。

（二）稳健性检验

为了考察本章基本回归结果的稳健性，我们对上述实证结果作了一系列的稳健性分析。其一，对农户样本进行分组检验，把农户按照家庭全年总收入划分为高收入家庭和低收入家庭。首先取2003—2006年所有样本农户家庭全年总收入均值为中间值，农户家庭全年总收入大于中间值的为高收入农户家庭，否则为低收入农户家庭。其二，把农户按照地区进行分类，划分为经济发达地区和欠发达地区，其中东部地区包括辽宁、广东、北京、山东、福建、天津、江苏、浙江和上海划入经济发达地区，其余划入经济欠发达地区。本章分别对上述两种分类方法进行检验，检验其是否符合基本回归模型的参数估计结果。

由表8-4可以看出，在（1）至（6）栏设定的各种模型中，新农合对农户家庭储蓄行为的影响和我们预期的影响方向一致。从模型参数估计结果来看，以ncms3为参合标准的高收入农户家庭参合将使其家庭储蓄显著减少，而参合对以ncms3为参合标准的低收入农户家庭储蓄行为的影响呈正相关关系，但不显著。这表明新农合对高收入农户家庭储蓄行为的影响可能要大于对低收入农户家庭储蓄行为的影响。但无论是高收入农户还是低收入农户，在参合第一年都将使其家庭储蓄减少，且新农合对农户家庭储蓄行为影响的时间趋势都呈逐渐减弱趋势，这也和本章的基本回归模型得出的结果一致。

表8-4　　　　　基于农户家庭不同收入水平分类的固定效应
面板模型：双重差分估计

	高收入农户家庭			低收入农户家庭		
	（1）	（2）	（3）	（4）	（5）	（6）
ncms3	-5.765 ***			0.158		
	（-2.90）			（0.66）		

	高收入农户家庭			低收入农户家庭		
	(1)	(2)	(3)	(4)	(5)	(6)
y2003		− 38.115 ***	− 22.38 ***		− 7.285 ***	− 1.422
		(− 6.70)	(− 3.47)		(− 4.04)	(− 0.65)
y2004		9.410 ***	− 4.146 *		4.255 ***	− 0.165
		(3.64)	(− 1.72)		(16.39)	(− 0.67)
y2005		15.088 ***	− 1.896		5.200 ***	0.412
		(5.67)	(− 0.62)		(19.39)	(1.58)
y2006		16.112 ***	− 3.038		6.216 ***	0.714 *
		(5.630)	(− 0.91)		(16.89)	(1.72)
_ cons	107.63 ***	28.772 ***	101.66 ***	− 13.36 ***	7.885 ***	− 13.44 ***
	(2.87)	(50.12)	(2.80)	(− 3.72)	(126.36)	(− 3.71)
Obs	7591	9026	7591	18710	24372	18710
Adjusted R2	0.088	0.020	0.090	0.488	0.054	0.489

注：(2) 和 (5) 栏的模型设定仅包含常数项，其余栏的回归均控制了家庭特征变量，包括户主的教育程度、户主的年龄以及年龄的平方、配偶的教育程度、18 岁以上孩子的数目、18 岁以下孩子的数目以及年老的父母或祖父母数目。此外还控制了村经济发展状况虚拟变量、年度虚拟变量和地区虚拟变量。

　　接下来本章把农户按照地区分类来对基本回归模型结果的稳健性进行检验，具体参数估计结果见表 8 - 5。从表 8 - 5 中看出，无论是经济发达地区，还是经济欠发达地区，农户家庭参加新农合都会减少其家庭储蓄行为。但新农合对经济发达地区农户家庭储蓄行为的影响要大于对经济欠发达地区的农户家庭储蓄行为的影响。在经济发达地区，由参合标准 ncms2 和 ncms3 界定的农户家庭参合得出了一样的结果，也就是通过 ncms2 标准界定的农户也通过了 ncms3 标准的界定，因而在经济发达地区，无论是以 ncms2 还是 ncms3 为参合标准的农户家庭参合与其家庭储蓄之间呈显著的负相关关系。而在经济欠发达地区，农户家庭参合对其家庭储蓄也具有显著的负相关效应，但其影响要远小于经济发达地区。至于出现这种现象的原因，有可能是经济发达地区的新农合保障程度更高，且发达地区的地方财力更强，农民对新农合的信心更强，从而导致新农合对农民储蓄倾向的影响更大。

表 8 - 5　　基于地区经济发展水平分类的固定效应面板模型：双重差分估计

	经济发达地区				经济欠发达地区			
	(1)	(2)	(3)	(4)	(5)	(6)	(7)	(8)
ncms2	-5.004***				-0.929***			
	(-3.04)				(-2.87)			
ncms3		-5.004***				-0.469		
		(-3.04)				(-1.26)		
y2003			-17.027***	-18.61**			-14.941***	-0.337
			(-2.71)	(-2.55)			(-13.05)	(-0.30)
y2004			14.146***	-4.781***			4.093***	0.223
			(11.88)	(-2.75)			(11.15)	(0.43)
y2005			18.009***	-0.893			5.466***	0.657
			(11.12)	(-0.37)			(11.00)	(1.00)
y2006			18.316***	-5.186*			6.455***	-1.967**
			(13.75)	(-1.83)			(16.89)	(-2.33)
_cons	9.399	9.39	13.43***	8.173	19.05	18.55	13.121***	18.716
	(0.49)	(0.49)	(29.85)	(0.45)	(1.18)	(1.15)	(393.03)	(1.16)
Obs	6293	6293	8873	6293	37051	43689	49459	37051
Adjusted R2	0.094	0.0936	0.027	0.097	0.035	0.0347	0.003	0.0348

注：（3）和（7）栏的模型设定仅包含常数项，其余栏的回归均控制了家庭特征变量，包括户主的教育程度、户主的年龄以及年龄的平方、配偶的教育程度、18岁以上孩子的数目、18岁以下孩子的数目以及年老的父母或祖父母数目。此外还控制了村经济发展状况虚拟变量、年度虚拟变量和地区虚拟变量。

　　就参合对农户家庭储蓄行为影响的时间趋势上，也可以看出新农合对经济发达地区农户家庭的储蓄行为的影响要远高于对经济欠发达地区农户家庭的储蓄行为的影响。在新农合对农户家庭储蓄行为影响的时间趋势参数估计中，无论经济发达地区还是欠发达地区，农户家庭参合第一年对其储蓄都具有负相关效应。但这种负相关效应随着时间变化呈逐步减弱趋势。这和我们之前的经验研究结果一致，新农合在短期内会显著地减少农户家庭的储蓄行为，但对于其长期效果却不能过于乐观。

　　为了进一步对基本回归结果的稳健性进行检验，本章构造了另一个因变量指标，农户家庭当年新增存款总额，为连续两年的农户家庭年末存款余额相减，用 newdep 来表示①，以此来考察农户家庭参加新农合对其储蓄行为的影响。表 8-6 为因变量是农户家庭新增存款总额的差分模型和双重差分模型的参数估计结果。由于在农村固定观察点数据库中农户家庭年末存款余额这个指标缺失很多，这可能是被调查农户不愿意透露家庭的具体财务状况造成的。因而当我们采用农户新增存款总额因变量时，样本量只有 293 个农户家庭。我们保留这个实证结果的目的在于为基本回归结果的合理性提供进一步的支持。

表 8-6　　新型农村合作医疗对农户家庭储蓄行为影响的实证分析②

| | 差分模型 | | | | 双重差分模型 | | | |
	(1)	(2)	(3)	(4)	(5)	(6)	(7)	(8)
ncms2	-1.336 ***		-0.475		-0.513		0.668 **	
	(-3.166)		(-1.210)		(-0.73)		(-2.35)	
ncms3		-1.207 ***		-0.157		-0.293		-0.668 **
		(-2.639)		(-0.348)		(-0.70)		(-2.35)
_cons	9.216 ***	9.091 ***	18.677 ***	18.709 ***	1.049 ***	0.968 ***	-61.84	-61.883
	(40.614)	(41.588)	(3.714)	(3.709)	(5.55)	(11.86)	(-1.29)	(-1.30)
Obs	278	278	242	242	278	278	246	246
Adjusted R2	0.030	0.018	0.370	0.366	-0.001	-0.002	0.316	0.316

　　注：(1) 栏至 (2) 栏，(5) 栏至 (6) 栏是不包括控制变量的参数估计；(3) 栏至 (4) 栏，(7) 栏至 (8) 栏的参数估计均控制了家庭特征变量，包括户主的教育程度、户主的年龄以及年龄的平方、配偶的教育程度、18 岁以上孩子的数目、18 岁以下孩子的数目以及年老的父母或祖父母数目，以及村经济发展状况虚拟变量、年度虚拟变量和地区虚拟变量。

────────────

　　① 模型的因变量为农户当年新增存款总额时，样本为 2004—2006 年的面板数据。
　　② 实证过程中为了使得系数比较简洁，模型中把农户家庭新增存款总额的单位调整为 10 万元，实证结果不影响。如需以千元为单位的实证结果可向作者索取。

　　由表 8 - 6 知,当因变量为农户家庭新增存款总额时,差分模型中无论是以 ncms2 还是以 ncms3 为判断标准的农户家庭参合都将显著地减少其家庭储蓄。而在双重差分模型中,包括控制变量地以 ncms2 和 ncms3 为参合标准的家庭参合将使其家庭储蓄显著减少,且不包括控制变量的以 ncms2 和 ncms3 为参合标准的家庭参合和其储蓄之间也呈负相关关系,但不显著。尽管以农户家庭当年新增存款总额为因变量时的样本农户数目,远小于以农户家庭全年储蓄总额为因变量时的样本农户数,但所得出的结果基本是一致的,这也是我们报告上述实证结果的意义所在。当家庭储蓄行为的衡量指标变换时,农户家庭参合与其家庭储蓄行为仍呈现显著的负相关关系,这表明本章基本回归模型的参数估计结果具有一定的稳健性。

五　结论

　　2003 年新型农村合作医疗制度试点在全国各地分层推进为相关领域的研究提供了一个很好的自然试验,本章利用 2003—2006 年农业部农村固定观察点数据,采用双重差分模型来考察新农合对中国农村居民储蓄行为(消费行为)的影响。

　　我们的研究结果表明农户家庭参加新农合将使其家庭储蓄显著减少,但其抑制农户家庭储蓄行为的效应随着时间而呈显著的减弱趋势。在稳健性分析中,本章的实证结果支持了上述基本回归模型参数估计的结果。我们还发现新农合对不同收入水平农户家庭储蓄行为的影响程度不同,对高收入农户家庭储蓄行为的影响可能要大于对低收入农户家庭储蓄行为的影响,但无论是高收入农户还是低收入农户,新农合对农户家庭储蓄行为影响的时间趋势都是逐渐减弱的。同样的,无论经济发达地区,还是经济欠发达地区,农户家庭参加新农合都会减少其家庭储蓄,但新农合对经济发达地区农户家庭储蓄行为的影响要高于对经济欠发达地区农户的影响。值得注意的是,无论是经济发达地区还是欠发达地区的各种模型中,新农合对农户家庭储蓄行为的影响在第一年达到最大,在随后的年份逐渐减弱,这表明新农合在短期内会显著减少农户家庭的储蓄行为,但对于其长期效果却不能过于乐观。

　　本章的政策含义是很明显的,为启动广大的农村消费市场,政府应加大对新农合的财政投入,地方政府也应严格履行公共财政责任。政府要保障所有人都能享受公共医疗卫生服务，提高补偿水平，要将所有的低收入农户纳入新型农村合作医疗体系，扩大参合农民受益面，使广大农户更多地享受到新农合带来的实惠，提高新农合的制度效率。其次，要建立适宜的新农合补偿比例，新农合的医疗补偿应向收入较低的农村居民倾斜，以减少广大低收入农村居民未来医疗支出不确定的预期，增加其消费。最后，中央政府应通过财政手段以公共服务的形式向不发达地区实行政策倾斜，为贫困地区提供更多的优惠政策，提高贫困地区农村医疗服务的可及性和可得性。

第九章

未来改革方向
——基于典型事实梳理的分析

收入分配格局将从多个角度影响内需，财税政策在其中起的作用也比较复杂。本书首先基于国际可比的口径和方法，在对中国宏观统计数据和财政收支统计数据进行细致梳理的基础上，从多个角度深度考察了中国国民收入分配格局的现状及其对内需的直接和间接影响。同时，笔者利用农村固定观察点农户调查数据，全国税收调查企业数据等，采用微观计量方法评估了若干财税政策对扩大居民消费和企业投资所起的作用。在此基础上，我们还提出了若干有事实依据的政策建议。本章即是基于这一逻辑，先概要总结前文所梳理的有关中国收入分配格局和财税政策实际作用的典型事实，然后指出若干未来改革方向。

一 典型事实的梳理

中国国民储蓄率持续攀高，已经超过所有大国历史最高峰这一现象，已经引起了学界的广泛关注。国民储蓄率上升即意味着消费比重下降，当国民储蓄率超过投资率时，就产生内需不足问题。我国国民储蓄率的上升主要是由于企业部门可支配收入占比的增加和政府部门储蓄倾向的大幅度增加，其次是政府部门可支配收入占比的增加，居民部门虽然储蓄倾向有所增强，但由于可支配收入占比的急剧下降，居民部门储蓄率在这十几年来只有小幅度的上涨。这个结论在一定程度上说明了我国内需不足的原因在于政府没有充分发挥好再分配的职能来"分好蛋糕"。

在初次分配环节，居民部门可支配收入占比的下降主要是因为财产性收入占比比较低。这意味着，要扩大居民消费，不能盲目干预市场化的工资形成机制。对于我国的劳动者报酬，在经过调整之后，其占国民收入的比重并不像一般研究的结果那样一直在下降，而是呈现一个上升的趋势。另外，由于经济发展阶段的限制，我国目前劳动者报酬占比低于主要发达国家水平，但相比于其他金砖国家，基本上处于一个比较正常的水平，而且发展速度也很快。再分配环节导致居民消费不足的原因主要在于转移性财政支出比重较低，居民部门社会保险净额不断下降，政府部门社会保险净额不断上升。因此，要提高居民部门的生活水平，解决我国收入分配不公及高国民储蓄的问题，政府应加大社会保险支付力度，完善医疗及养老保险等制度，让老百姓"病有所医，老有所养"，从而降低预防性储蓄。除此之外，政府不应该过多地参与经济运行，而应让市场本身来发挥作用，用市场手段来提高资本市场的运作效率，提高非货币资产的收益率，让居民拥有更多的财产性收入，从而刺激消费。

国际经验表明，要素分配环节最初以卡尔多"特征事实"为代表的观点认为要素分配份额是稳定的，但近三十余年的现实却发现各国劳动收入份额出现普遍下降趋势。对这一现象影响因素的分析，结论较为含糊。较为取得共识的观点是，全球化的发展以及倾向于资本的技术进步是出现这一现象的重要影响因素。究其根本，劳动力的供求形势，劳动者的市场地位是关键因素。在再分配环节，政府规模的快速扩张是近一个世纪以来发达国家的典型事实。其背后主要是民生福利性支出大大增加。由此对于国民收入分配格局来说，政府规模的扩张并非意味着居民部门可支配收入比重的下降，两者可以相辅相成。总体而言，财税政策对国民收入分配格局的影响比较复杂。

不过，现有对于国民收入分配格局的研究一般依赖于国家统计局颁布的资金流量表。但资金流量表在政府的核算上存在若干问题。基于国际可比口径，本书初步核算了1998—2013年的中国全口径财政收入规模。结果显示其从1998年的20.4%上升到2011年的35.2%，但其后又有所下降，到2013年仅为32.8%。结构分析表明，税收收入以及土地出让收入、社保缴费收入等非税收入，在此期间均实现了快速增长。发达国家经验表明，"国富"与"民富"可以同步实现，其核心是财政支出结构要偏向民生。展望未来，由于当前中国财政正处在基础设施建设支出与民生福利性支出双碰头的基本格局之下，维持超过30%的全口径财政收入规模有其经济合理性。全口径财政收入规模难以下降。加强支出管理以及优化财政收入结构是较高税负背景下的关键改革措施。

　　利用国民账户数据和财政收入数据计算出的要素收入和消费支出的平均有效税率，是衡量税收扭曲和税负水平的一个常用指标，也是宏观经济分析和财税政策分析的一个常用方法。本书在对中国财政收入的口径和分类进行细致讨论的基础上，采用国际可比的方法测算了我国资本收入、劳动收入与消费的有效税率，并将其与法国、德国、英国、美国、日本进行比较。我们测算的结果表明，中国的消费平均有效税率自 2000 年以来一直在不断提升，已从 2000 年以来的 20% 左右上升到 2010 年 30% 的水平。与之比较，法国、德国、英国的消费平均有效税率自 20 世纪 80 年代以来处于缓慢下降通道中，近 10 年来处于 10% 以上的水平；美国、日本由于其特殊的税制，消费平均有效税率一直在 5% 的水平上。中国的劳动收入有效税率自 2000 年来处于缓慢上升过程中，2000 年为 5%，2010 年已达到 10% 左右的水平。与之相比较，法国、德国、英国、美国、日本五国的劳动收入平均有效税率显著高于中国，且自 80 年代至今处于稳定波动区间。其中，法国、德国的劳动收入平均有效税率在 35% 左右，英国、日本、美国在 25% 左右。中国的资本收入有效税率在 2000—2010 年，一直在 20%—40% 波动。与之比较，日本、英国的资本收入有效税率自 80 年代的 100% 以上的水平逐步回落到今天的 60% 的水平；法国、美国一直在 40% 左右的水平上波动，德国自 80 年代 50% 左右的水平回落到 30% 左右；中国的水平与五国相比处于低位。各国比较表明，由于针对资本的税收一部分是对存量资本，波动较大属于常态；而中国的资本收入税率目前尚属较低水平。

　　综合分析，中国要素收入和消费支出的平均有效税率，与几大发达国家确实存在较大的差距，最主要的体现是消费税率偏高，劳动税率偏低。究其原因，中国以间接税为主体的税制结构，社会保障事业发展滞后，宏观经济运转体现出与发达国家显著不同的特点，都是这一现象出现的重要影响因素。展望未来，随着宏观经济运转逐步走向以消费为主要拉动力，社会保障全覆盖的时代，中国的要素收入与消费支出平均有效税率将有望逐渐演变成与发达国家一致的常态。至于在税制改革方面，需要综合评价各种性质的税收的扭曲作用大小，在一般均衡的框架下结合我国的实际情况具体分析。

　　维护市场经济正常运转，促进社会和谐，发挥能动作用促进经济平稳发展，是现代国家的三大政府职能。我国的政府职能较为侧重促进经济发展。转变政府职能是新一轮改革的主要抓手，而财政支出是履行政府职能的直接和主要体现。财政作为国家治理的基础和重要支柱，也主要通过财政支出手段来体现。因此，财政支出领域的改革，是新一轮改革的核心领域，也是改革政策和成果的主要体现。我国全口径财政支出占 GDP 的比重从 2003—2008 年的 31% 左右，到 2009 年跃升为 41%，其后逐步回落至 2012 年的 33%。2012 年全口径财政支出中经济建设支出达 39%，而社会福利方面的支出仅为 41%，这与发达国家经济建设支出仅为 10% 左右，而社会福利支出为 60%—70% 的财政支出结构有很大差异。

通过对农村固定观察点数据的计量估计和分析，我们发现农村收入差距对农村居民的家庭生活消费存在显著的负面影响。该结果可以对我国长期以来不断扩大的收入差距和持续低迷的国内消费给出一种解释。在我们使用的样本中，当基尼系数每提高 0.1 时，农户人均生活消费就会随之下降 3.0%。而在农村居民的支出中，食品、衣着、燃料、教育、医疗、旅游、交通通信方面的支出均受到收入差距的负面影响，其中，当基尼系数提高 0.1 时，旅游和交通通信支出会分别显著下降 33.3% 和 40.7%，受收入差距影响非常大。因此，对农村居民而言，收入分配不均的存在，不论是对其基本生活消费还是对影响其生活品质的消费都将产生负面影响。此外，我们还发现了诸多能够通过收入差距来制约农村居民消费的因素。就收入而言，收入差距的扩大更容易对低收入者的消费产生负面效应；就年龄段而言，年轻的农户比年老的农户更容易受到收入分配不均的负面影响；就教育背景而言，教育程度较低的农户更容易因收入差距而减少消费；而从我国的不同地区来看，农户消费行为受收入差距的负面影响自西向东不断减弱，且在我们的东部沿海省份，农户的消费行为并没有显著受到收入差距的影响；最后，以家庭经营性收入为主、以工资性收入为辅的家庭的消费受到的收入差距负面影响更为强烈。综上，我们的结论让我们意识到缩小收入差距对于扩大农村居民消费的重要意义。针对以上结论，我们认为政府应"缩小农村收入差距，促进农民消费需求"。

新型农村合作医疗制度是近年来中国社会保障领域影响最广泛、力度最大的一项政策。本书利用 2003—2006 年农业部农村固定观察点数据，采用双重差分模型来考察新农合对中国农村居民储蓄行为，或者说消费支出的影响，作为分析社会保障制度的发展对于居民储蓄行为影响的一个案例。本书的研究结果表明农户家庭参加新农合将使其家庭储蓄显著减少，但其抑制农户家庭储蓄行为的效应随着时间而呈显著的减弱趋势。在稳健性分析中，实证结果支持了上述基本回归模型参数估计的结果。我们还发现新农合对不同收入水平农户家庭储蓄行为的影响程度不同，对高收入农户家庭储蓄行为的影响可能要大于对低收入农户家庭储蓄行为的影响，但无论是高收入农户还是低收入农户，新农合对农户家庭储蓄行为影响的时间趋势都是逐渐减弱的。同样，无论经济发达地区，还是经济欠发达地区，农户家庭参加新农合都会减少其家庭储蓄，但新农合对经济发达地区农户家庭储蓄行为的影响要高于对经济欠发达地区农户的影响。值得注意的是，无论是经济发达地区还是欠发达地区的各种模型中，新农合对农户家庭储蓄行为的影响在第一年达到最大，在随后的年份逐渐减弱，这表明新农合在短期内会显著地减少农户家庭的储蓄行为，但对于其长期效果却不能过于乐观。

　　总结本书所实证研究的以上典型事实可以发现，如从国民收入分配的角度来探讨内需不足问题需要注意以下几点：第一，居民消费不足的原因在于居民可支配收入不足，国民收入有从居民部门和企业部门流向政府部门的趋势，而造成这个事实的主要原因在于政府部门的储蓄倾向比较高，因此可以通过增加民生性政府消费来降低政府部门储蓄倾向，减少居民部门支出，增加居民部门可支配收入；第二，居民部门可支配收入不足主要体现在初次分配的财产性收入不足和再分配的社会保险福利不足；第三，居民部门收入分配不公也会影响居民消费；第四，政府财政收入具有一定的合理性，主要问题在于收入结构以及支出结构不合理。因此，未来要扩大内需，从财税政策角度看核心是致力于结构性改革，增加居民的财产性收入和社会保障福利，促进收入分配公平，在税制上不断拓宽税基，减少税收对经济造成的扭曲。

二　未来的改革方向

　　提高消费需求是拉动经济增长的动力，提高消费能力是提高消费需求的基础，提高居民收入是提高消费能力的核心，因此，扩大内需的目标需要进行收入分配改革，促使国民收入分配向居民部门倾斜。在具体的政策上，应充分发挥财政政策在二次分配中的主体作用，促进国民收入趋向有效且公平的分配。

　　当前我国两种收入分配格局均亟须改善的总体政策目标，已经取得了较大共识，中央政府也正在积极准备出台相关总体政策。然而从政策讨论的进程来看，社会各界对于如何达到这一总体政策目标存在较大的分歧。一些意见认为调节收入分配应当注重初次分配，包括采取提高最低工资，加强劳企协商提高工资，降低垄断部门工资等管制性措施；另一些意见认为重点应是二次分配，即以财政政策为主体来达到调节收入分配的目标。也就是说，在调节收入分配大的政策框架下，财政政策的定位究竟如何尚未明确。

基于对以上典型事实的梳理，我们认为：由于以一次分配中的管制性措施为主体存在较多的困难，应当充分发挥财政政策在二次分配中的主体作用。这背后的原因在于，当前我国政策需要针对的是两类收入分配格局，两者之间的关系具有复杂性。一方面，一些有助于缓解居民收入分配不均的政策，或许可能恶化国民收入分配格局。例如，降低垄断部门工资有助于缓解居民收入分配不均，但其会降低居民部门总体收入份额；一些以涨工资为目标的政策措施，最有可能得到实施的恰恰在垄断部门等，因此可能加剧收入分配不均的情况。另一方面，一些针对初次分配的政策在当前的国情下发挥作用存在较大的困难。从根源上看，我国收入分配出现目前这种局面既有政策不到位的原因，更重要的还是受经济发展阶段的影响。从日本 20 世纪 60—70 年代的经验来看，在我国当前经济发展阶段下，初次分配结果的改善应是人口形势和劳动力供给条件变化的自发结果。[①] 政府如果过多干预初次分配，既可能有碍劳动力市场的发挥自发调节作用，还可能实现不了政策目标。例如，过度提高最低工资，虽然有助于提升低收入就业者的工资水平，但也可能促进企业以资本替代劳动，从而减少就业，进而无助于劳动报酬份额的提升（白重恩等，2008）。[②]

基于这一认识，我们认为对于改善收入分配，政府应当担负的责任主要体现在二次分配阶段，即通过财政收入与支出两个体系，同时实现增加居民部门收入并缓解居民部门收入不均双层目的。在当前，重要的政策措施包括提高财政收入体系的再分配功能，同时在支出结构方面加强向居民部门的转移性支出。

1. 在稳定宏观税负水平基础上的结构性税改

在讨论具体税种的改革方向之前，首先需要探讨中国宏观税负水平的

---

① 有关日本经验参见安信证券 2010 年 3 月 15 日策略主题报告《潮流正在转变——从人口结构看未来资本市场行业投资机会》。

② 白重恩、钱震杰、武康平：《中国工业部门要素分配份额决定因素研究》，《经济研究》2008 年第 8 期。

高低问题。各个具体税种的改革方向，都与对宏观税负水平高低的判断密切相关。如果政府部门和社会各界对于宏观税负过高形成共识，则整体减税应是未来改革的主要方向。如果认为宏观税负正常或偏低，则减税就不可能成为改革的主要方向。

从当前现状来看，社会舆论普遍认为中国宏观税负过高，有所谓"国富民穷"之说，主张大力减税。中央政府和财税部门也提出了"结构性减税"的政策方向。目前已经出台的几项大的税制改革，如增值税转型、个人所得税免征额的提高，实质上减税力度较大。将要出台的增值税扩围改革，也有减税的效果。

我们判断，从当前发展阶段以及政府未来的政策方向来看，中国出现较大力度减税的基础并不存在。所谓"结构性减税"，将更可能是部分税种增税，部分税种减税。其背后的原因主要在于，未来中国福利体系的构建，将对财政收入提出更高的要求。从发达国家历史经验来看，二战之后福利水平的提高，与宏观税负的提高是密切相关的。目前所谓中国"国富民穷"，因此要削"国富"，促"民富"的说法，在逻辑上并不成立。如图 9-1 所示，以 OECD 成员国来比较，虽然居民收入比重都高于中国，但其财政收入比重既有远高于中国的，也有与中国接近的。这表明，国富与民富是可以同步实现。更何况，从调节收入差距的角度来看，降低宏观税负水平，意味着减小财政政策调节收入差距的力度。

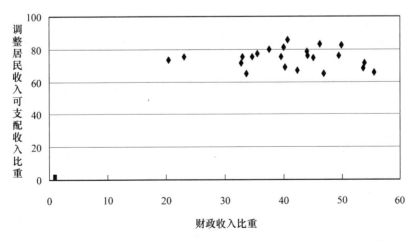

图 9-1　2008 年部分 OECD 成员国财政收入比重与居民收入比重散点图

基于发达国家的历史经验,我们判断对应于中国未来经济社会发展的需要而言,结构性减税应当是在稳定宏观税负水平基础上的结构性税改,即各类税种的税负水平有增有减,主要是从结构上优化税制,进一步发挥税制调节居民收入差距,提高科学发展水平的作用。这种改革将在整体上维持现有宏观税负水平,同时通过财政支出结构的调整,起到增加居民部门可支配收入或福利水平的功能。

在这一基本思路下,结构性税改的具体方向包括:

(1)在生产税领域有增有减。当前已实施的增值税转型、营业税改征增值税改革,已经是力度较大的减税改革;资源税税率变化以及由从量征收改为从价征收,则是增税性质的改革。这充分体现了生产税领域有增有减的改革方向。可以预期,已有的三类改革(增值税转型改革已全国推广)将会在十二五时期在全国范围内、全行业范围内实施。总体判断,这三类改革的综合效果是减税。

除这三类改革之外,未来仍有可能实施的是调整部分产品的消费税税率,排污费改征环境税。这方面改革的方向,同样是要围绕科学发展观的要求,增加能源消费与环境污染行为的税负,继续维持或增加奢侈品消费税率,但降低过去被定为奢侈品目前已成为大众消费品的消费税率。在具体措施上,应寻找合适时机,将资源税改革在所有资源类产品上推广,同时适时调整从价税率。同时,利用排污费改征环境税的时机,将环境税税率确定到较排污费高的水平上。

(2)推行综合与分类相结合的个人所得税税制,提高个税征管能力。个人所得税改革一直是社会关注的焦点。中央对个税税制改革的方向已经明确,推行综合与分类相结合的个人所得税税制,即尽可能将个人各种来源的所得,进行综合征税。进行综合征税之后,还可以学习发达国家经验,对家庭或个人某些特殊支出需要,如子女教育支出,大额医疗支出,予以税前扣减。未来应坚定不移地寻找合适时机,尽快推出这一改革措施。将个人的各类收入来源综合计征,在理论上将更有利于发挥个税的调节收入分配功能。

进行国际比较,中国个税还存在一个悖论:法定税率水平不低甚至较高,但税收收入占 GDP 比重远低于发达国家。这背后的原因就在于中国的个税征管存在严重的漏洞,大量高收入人群的收入未能纳入个税征管范畴内,个税的主要承担者是工薪阶层。为此,提高个税征管能力,尤其是针对高收入人群的征管能力，是调节收入分配方面的更为重要的改革措施。这也是未来亟须解决的问题。

（3）以房产税部分替代土地出让金，稳步推进财产税。保有环节的房产税在国际上一般被视为财产税，属于收入税的一种。财产税是发达国家调节居民收入差距的一个重要政策，但在我国还基本未开征仅有少数税种（如车购税）具有一定的财产税色彩。

我国目前仅在上海和重庆试点保有环节的房产税，且主要针对豪宅，从财政收入比重的角度看重要性非常低。中国类似性质的政府收入是土地出让金，但从调节收入分配的角度来看，土地出让金较保有环节的房产税却有天壤之别，其制度设计上就存在很大的不公平问题。其原因在于：以房价中包含的土地出让金越来越高的态势来看，收入较低人群受资金约束购房时间推迟，意味着其承担的相对税务越来越重；收入较高人群较早买房意味着税负较轻，甚至可以通过房产投机获取额外收益。由此可见，土地出让金作为一项财政收入，只会恶化本来就高度不均的居民收入分配状况。这种不公平的状况正是当前房价成为社会问题的根源。以国际经验来看，政府利用其强制力，以土地或包含其附属物价值为税基征收财产税，是一种古老且常见的获取财政收入的方式。但绝大多数国家和地区采取的是按年——通俗称之为房产税，而非一次性征收的方式。在土地价值不断上涨的背景下，按年征收保证了购房的先后，对相同居住面积承担的实际税率影响较小，相对于我国这样的一次性征收更为公平。

为此，未来应进一步完善上海、重庆试点的房产税税制，抓住时机在全国全面推广。在税制设计上，可基本遵循上海、重庆的模式，即仅对一定限额以上的住房面积征税，则更加能体现房产税调节收入分配的功能。当然，在实施这种房产税税制的背景下，土地出让金只能部分被取代。但无论如何，我国实施这样的房产税制，应是提高获取财政收入公平性的重要改革措施。在房地产市场投机泛滥的情况之下，这一改革也能起到抑制投机的重要作用。

2. 调整财政支出结构，向民生类政府消费倾斜

如前文所述，财政支出结构的调整，对于调整国民收入分配格局，减缓居民收入差距扩大至关重要。众多发达国家在宏观税负水平很高的情况下，居民部门收入份额同样很高，背后的关键就是财政支出结构的优化。应当说，这些年来中国在这方面的进步非常明显，包括增加教育等领域的

支出，在财政支持下，医疗、养老、社会救助等领域的制度建设也进步明显。然而，从促进经济结构转型和调节收入分配的角度看，财政支出结构调整还需进一步加大力度。

第六章的国际比较，已指出我国财政支出结构调整的必要性。当然，第六章主要是将中国与发达国家进行比较，发展阶段不同尚需要进一步分析。例如，我国的社会保障事业和医疗卫生事业的改革近些年才开始大幅提速，因此暂时的比重较低并非突出的问题，可以预期未来会有较大的改善。又例如世界上许多发展中国家遇到的突出问题，往往是政府无法为基础设施筹集到充足的资金。作为本节比较对象的发达国家历史上已经经过大规模建设的阶段，因此中国的经济建设支出比重即使达到40%左右，对于我国经济社会的持续发展的影响还需要客观评价。存在一种可能，对一个发展的中国来说，在一定时期内适度提前进行基础设施建设，总体上是有利于长期福利水平的提升。从中国的当前情况看，高速铁路、轨道交通、城市基础建设等，还是值得财政投入的领域。但无论如何，像现在这样侧重于经济建设的财政支出结构，不应长期持续下去，加快调整实属必要。

财政支出领域改革的总体方向是：适度控制总体规模；建立优化一般性行政支出结构的长效机制，降低行政成本；逐步压缩经济建设性支出的规模，优化公共投资结构；继续加大社会福利性支出比重，但需要注意加快改革步伐堵上制度漏洞，提升社会福利体系的可持续性和绩效，以促进基本公共服务均等化。为此，需要完善政府治理机制，改革发展成果评价机制方式，加强预算以及审计能力建设，以体制改革推进财政支出结构的合理调整。

社会福利已是中国财政支出的主要领域且比重将继续提高，为此应继续大力推进社会福利体系的广覆盖，加快推进各类社会福利项目的整合；以筹资为基础，以可持续为原则，合理确定不同人群社会福利项目的待遇水平；加快建设适应老龄化冲击的老年福利体系，大力发展人力资本投资型社会福利项目，同时要改善制度设计以增强福利项目的内在激励，创新项目实现形式以提高真实福利效果。

基础设施高峰期的基本国情决定政府投资支出比重较高还将延续一段时间，针对地方政府投资易热不易冷，政府投资过度易诱发产能过剩等问题，应注重以体制改革削弱地方政府不合理的投资冲动，调整投资结构，确保基础设施建设遵循适度超前原则，建立以市政债和地方债为主体的新筹资机制，建立中长期资本预算制度，加强事后审计监督。

3. 增加社会性转移支出，实现适度社会福利体系广覆盖

第八章的研究表明，新型农村合作医疗对增加农民消费有显著的正向影响。第七章的研究表明，农村地区的收入不均对于居民消费有负向的影响。因此，为启动广大的农村消费市场，政府应加大对包括新农合在内的农村各类社会保障项目的财政投入。在城镇地区，同样的经济机制也会发挥作用，同样需要增加社会性转移支付，扩大社会保障项目覆盖面。

社会性转移支出是既能增加居民部门收入份额，同时又能调节居民收入差距的重要措施。社会性转移支出主要指社会福利（社会保障）体系的支出，既包括以缴费为基础的社会保险，又包括以资格核查为基础的社会救助与福利性支出。近十年来，我国在这一方面已取得巨大的进步，福利项目的种类及其覆盖人群的范围均大幅增加，财政支出中投入社会福利体系的比重也得以较大提高。但与科学发展和调节收入分配的要求，以及与发达国家相比较而言，还需要进一步加大适度社会福利体系广覆盖的力度。

广覆盖一方面是指现有福利项目的人群广覆盖，另一方面是查漏补缺，增加若干可持续发展、有积极意义的福利项目。在具体措施上，应坚持目前低水平起步，逐步探索机制，提高待遇水平和统筹层次的做法。与发达国家相比较，当前我国大部分社会福利项目的水平还较低，未来随着经济的持续发展，社会福利体系的待遇水平也应进一步提高。但要注意，应充分吸取发达国家社会福利体系发展历程中的经验教训，以适度为原则合理确立社会福利项目的待遇水平。针对我国不同人群福利待遇水平差距较大的现实，应避免民粹主义思维，盲目重视福利待遇水平的平均，而不充分考虑其背后的筹资问题。未来政府应在测算财力平衡的情况下，适度采取"逆向公平"的思维，明确确立给予各类群体的福利项目财政补贴标准。所谓逆向公平，即是对弱势群体给予更多的财政补贴，对于中高收入群体则不给或少给财政补贴。具体而言，这方面预期的政策措施包括：

在养老保障领域，通过职工养老保险和居民养老保险相结合的方式，实现"全民皆年金"的战略目标。当前我国养老保障全覆盖的架构已经确立，即辅以直接财政补贴的居民养老保险，以缴费为基础的职工养老保险，实现所有人在年老之后可获得或多或少的养老金。其中，包含直接财政补贴的居民养老保险的推广，这是调节收入分配、增加居民收入份额的

重要措施。以缴费为基础的职工养老保险，由于特殊的发展历程，目前存在的困难包括缴费率较高、养老金未来缺口较大等问题。缴费率较高，对扩大就业增加劳动报酬份额方面负作用较大。养老金未来缺口较大既不利于其未来的可持续运行，又不利于其当前的推广工作。可以考虑增加国有企业上缴红利的力度，将其专项用于弥补养老金缺口。以此为基础，加上延长退休年龄等措施，就可能同步实现既降低缴费率又减少养老金缺口的目标。

在医疗保险领域，目前人群广覆盖的目标已基本实现，未来除进一步巩固这方面的成果之外，还需通过提高筹资水平，降低医疗费用增速等措施，提高医疗的保障水平，即患病人群的医疗费用报销比例。政府要保障所有人都能享受公共医疗卫生服务，提高补偿水平。在这一过程中，中央政府应通过财政手段向不发达地区实行政策倾斜，为贫困地区提供更多的优惠政策，提高贫困地区农村医疗服务的可及性和可得性。

当然，社会福利性支出较为刚性，在人口老龄化日益严重的背景下对财政可持续发展的影响较大，在很多发达国家也造成了严重的问题。为此，也需注意强化社会福利领域的制度改革，找准对象，增加激励，避免福利养懒汉。

参考文献

1. 白重恩、钱震杰:《中国的国民收入分配:事实、原因和对策》,2009 年。

2. 白重恩、钱震杰:《谁在挤占居民的收入——中国国民收入分配格局分析》,《中国社会科学》2009 年第 5 期。

3. 白重恩、钱震杰:《国民收入要素分配问题研究:历史和现状》,工作论文。

4. 白重恩、汪德华、钱震杰:《公共财政促进结构转变的若干问题》,《比较》2010 年第 48 辑。

5. 陈在余、蒯旭光:《农村新型合作医疗与农民的医疗保障》,《中国人口科学》2007 年第 3 期。

6. 高培勇:《中国税收持续高速增长之谜》,《经济研究》2006 年第 12 期。

7. 高培勇等:《中国财政政策报告 2010/2011:"十二五"时期的中国财税改革》,中国财政经济出版社 2010 年版。

8. 郭庆旺、赵志耘:《政府储蓄的经济分析》,《管理世界》1999 年第 6 期。

9. 国际货币基金组织:《政府财政统计手册(2001)》,中国金融出版社 1998 年版。

10. 国家税务总局计划统计司:《关于中外宏观税负的比较》,2007 年,ht-tp://www.chinatax.gov.cn/n480462/n480483/n480549/6307238.html。

11. 国家统计局国民经济核算司:《中国经济普查年度资金流量表编制方法》,中国统计出版社 2007 年版。

12. 国家统计局国民经济核算司与中国人民银行调查统计司编:《中国资金流量表历史资料:1992—2004》,中国统计出版社 2007 年版。

13. 何新华、曹永福:《从资金流量表看中国的高储蓄率》,《国际经济评论》2005 年第 11—12 期。

14. 华生：《劳动者报酬占 GDP 比重低被严重误读》，《中国证券报》2010 年 10 月 14 日。

15. 金人庆：《2007 年财政工作的八大重点》，《中国经济周刊》2007 年第 1 期。

16. 李稻葵、刘霖林、王红领：《GDP 中劳动份额演变的 U 型规律》，《经济研究》2009 年第 1 期。

17. 李扬、殷剑峰：《中国高储蓄率问题探究——1992—2003 年中国资金流量表的分析》，《经济研究》2007 年第 6 期。

18. 李勇辉、温娇秀：《我国城镇居民预防性储蓄行为与支出的不确定性关系》，《管理世界》2005 年第 5 期。

19. 李芝倩：《资本、劳动收入、消费支出的有效税率测算》，《税务研究》2006 年第 4 期。

20. 林赟、李大明、邱世峰：《宏观税负的国际比较：1994—2007 年》，《学习与实践》2009 年第 1 期。

21. 刘初旺：《我国消费、劳动和资本有效税率估计及其国际比较》，《财经论丛》2004 年第 4 期。

22. 刘家新：《政府储蓄的形成：从财政收支角度所作的考察》，《财经科学》2002 年第 1 期。

23. 刘兆博、马树才：《基于微观面板数据的中国农民预防性储蓄研究》，《世界经济》2007 年第 2 期。

24. 罗楚亮：《经济转轨、不确定性与居民消费行为》，《经济研究》2004 年第 4 期。

25. 罗长远：《卡尔多"特征事实"再思考：对劳动收入份额的分析》，《世界经济》2008 年第 11 期。

26. 吕冰洋：《中国税收负担的走势与国民收入分配格局的变动》，《公共经济评论》2008 年第 5 期。

27. 平新乔：《从中国农民医疗保障支出行为看农村医疗保健融资机制的选择》，《管理世界》2003 年第 11 期。

28. ［美］琼·罗宾逊：《不完全竞争经济学》，商务印书馆 1961 年版。

29. 裘元伦：《2001—2005 年德国税收改革的背景、内容和影响》，《德国研究》2000 年第 4 期。

30. 宋兴义：《近年日本税制的改革动向及其对我国的启示》，《扬州大学税务学院学报》2008 年第 1 期。

31. ［美］坦齐和舒克内希特：《20 世纪的公共支出：全球视野》，商务印书馆 2005 年版。

32. 唐宗焜：《利润转移和企业再生产能力》，载董辅礽、唐宗焜、杜海燕主编：《中国国有企业制度变革研究》，人民出版社 1995 年版。

33. 万广华、史清华、汤树梅：《转型经济中农户储蓄行为：中国农村的实证研究》，《经济研究》2003 年第 5 期。

34. 万广华、张茵、牛建高：《流动性约束、不确定性与中国居民消费》，《经济研究》2001 年第 11 期。

35. 汪德华：《中国财政收入规模：演变与展望》，《经济学动态》2011 年第 3 期。

36. 王小鲁：《灰色收入与国民收入分配》，《比较》2010 年第 48 辑。

37. 王志涛：《政府消费、政府行为与经济增长》，《数量经济技术经济研究》2004 年第 8 期。

38. 许安拓编译：《美国税制改革的政治经济学》。

39. 许宪春：《中国资金流量分析》，《金融研究》2002 年第 9 期。

40. 许宪春：《准确理解中国经济统计》，《经济研究》2010 年第 5 期。

41. 颜媛媛、张林秀、罗斯高、王红：《新型农村合作医疗的实施效果分析——来自中国 5 省 101 个村的实证研究》，《中国农村经济》2006 年第 6 期。

42. 杨涛：《中国政府储蓄研究：实践考察与政策应对》，《财贸经济》2011 年第 2 期。

43. 张建平、王国军：《新型农村合作医疗：模式创新与谨防踏入的误区》，《农业经济问题》2006 年第 4 期。

44. 张明：《中国政府高储蓄的成因分析和中期展望》，《财贸经济》2007 年第 10 期。

45. 张明：《中国的高储蓄——特征事实与部门分析》，中国金融出版社 2009 年版。

46. 赵红：《国家统计局参加 OECD 数据发布计划进展情况》，中国国家统计局国民经济核算司。

47. 周黎安、陈烨：《中国农村税费改革的政策效果：基于双重差分模型的估计》，《经济研究》2005 年第 8 期。

48. Adam Wagstaff, Magnus Lindelow, Gao Jun, Xu Ling and Qian Juncheng, *Extending Health Insurance to the Rural Population*: An Impact Evaluation of *China's New Cooperative Medical Scheme*, World Bank Policy Research Working Paper, 4150, March, 2007.

49. Alex Maynard, Jiaping Qiu, *Public insurance and private savings*: who is affected and by how much? http: //www. business. mcmaster. ca/finance/jiaping/paper, 2005.

50. Ashenfelter, Card, *Using the longitudinal structure of earnings to estimate the effect of training programs*, Review of Economics and Statistics, Vol. 67 (4), pp. 648 – 660, 1985.

51. Baumol, *Macroeconomics of Unbalanced Growth*: The Anatomy of Urban Crisis, American Economic Review, 57: 415 – 26, 1967.

52. Bentolila, S. and G. Saint – Paul, *Explaining Movements in the Labor Share*. Contributions to Macroeconomics 3 (1): 1103, 2003.

53. Bernanke, B. S. and R. S. Gürkaynak , *Is Growth Exogenous? Taking Mankiw*, *Romer*, *and* *Weil* *Seriously*. NBER Macroeconomics Annual. B. S. Bernanke and K. S. Rogoff. Cambridge, MA: MIT Press. 16: 11 – 57, 2002.

54. Berndt, E. R. , *Reconciling Alternative Estimates of the Elasticity of Substitution*, The Review of Economics and Statistics 58 (1): 59 – 68, 1976.

55. Bjørn Volkerink, Jakob de Haan, 《Tax Ratios: A Critical Survey》, 2000.

56. Blanchard, O. and F. Giavazzi, *Macroeconomic Effects of Regulation and Deregulation in Goods And Labor Markets*. The Quarterly Journal of Economics 118 (3): 879 – 907, 2003.

57. Blanchard, O. J. , *The Medium Run*. Brookings Papers on Economic Activity 1997 (2): 89 – 158, 1997.

58. Blundell, R. , A. Duncan and C. Meghir, *Estimating Labour Supply Responses Using Tax Policy Reforms*, Econometrica, Vol. 6 (4), pp. 827 – 861, 1998.

59. Brown, E. H. P. and P. E. Hart, *The Share of Wages in National Income*, The Economic Journal 62 (246): 253 – 277, 1952.

60. Cameron, David, *The expansion of the public economy*: a comparative analy-

sis. American Political Science Review 72 (4), 1243 – 1261, 1978.

61. Chen, S. , R. Mu, M. Ravallion, *Are there Lasting Impacts of a Poor – Area Development Program* ? Washington DC, World Bank, Memo, 2006.

62. Chou, S. – Y. , J. Tan Liu, J. K. Hammitt, *National health insurance and precautionary savings*: *Evidence from Taiwan*, Journal of Public Economics, Vol. 87, pp. 1873 – 1894, 2003.

63. Chou, S. – Y. , J. Tan Liu, J. K. Hammitt, *National health insurance and technology adoption*: *evidence from taiwan*, Contemporary Economic Policy, Vol. 22, No. 1, pp. 26 – 38, 2004.

64. Clark, C, The National Income, 1924 – 1931. London, Macmillan, 1932.

65. Cutler and Richard Johnson, *The Birth and Growth of the Social Insurance State*: *Explaining Old Age and Medical Insurance Across Countries*, Public Choice, 120 (1 – 2), 2004.

66. David Carey and Harry Tchilinguirian, *Average Effective Tax Rates on Capital*, *Labour and Consumption*, Economics Department Working Papers No. 258, 2000.

67. Deaton, Angus, Christina Paxson, *Growth and saving among individuals and households*, Review of Economics and Statistics, Vol. 82: 2, pp. 212 – 225, 2000.

68. Dennis Tao Yang, *Aggregate Saving and External Imbalances in China*, Journal of Perspectives Volume 26, Number 4, 125 – 146, 2012.

69. Diwan, *Labor Shares and Globalization*, World Bank working paper, November 2000, Washington, 2000.

70. Diwan, *Debt as Sweat*: *Labor*, *Financial Crises*, *and the Globalization of Cap ital*, World Bank working paper, Washington, July, 2001.

71. Engen, E. M. , Gruber, J, *Unemployment insurance and precautionary saving*, Journal of Monetary Economics, Vol. 47 (3), pp. 545 – 579, 2001.

72. Farley, P. J. , Wilensky, G. R. , *Wealth and health insurance as protection against medical risks*, In: David, M. , Smeeding, T. (Eds.), Horizontal Equity, Uncertainty, And Economic Well – being, University of Chicago Press, Chicago, 1985.

73. Gallaway, L. E. , *The Theory of Relative Shares*, The Quarterly Journal of

Economics 78 (4): 574 – 591, 1964.

74. Glyn, A. , *Explaining labor's declining share of national income*, www. g24. org/phno4. pdf, 2007.

75. Gollin, D. , *Getting Income Shares Right*, Journal of Political Economy 110 (2): 458 – 474, 2002.

76. Gomme, P. and P. C. Rupert, *Measuring Labor's Share of Income*, Federal Reserve Bank of Cleveland, 2004.

77. Gruber, J. , Yelowitz, A. , *Public health insurance and private savings*, Journal of Political Economy, Vol. 107 (6), pp. 1249 – 1274, 1999.

78. Guariglia, Rossi, M. , *Consumption, Habit Formation and Precautionary Saving: Evidence from British Household Panel Suvey*, Oxford Economic Papers, 54, pp. 1 – 19, 2004.

79. Gujarati, D. , *Labor's Share in Manufacturing Industries*, 1949 – 1964, Industrial and Labor Relations Review 23 (1): 65 – 77, 1969.

80. Guonan Ma, Wang Yi, *China's High Saving Rate: Myth and Reality*, BIS Working Paper, July, 2010.

81. Guscina, A. , *Effects of Globalization on Labor's Share in National Income*. IMF Working Paper No. 06294, 2006.

82. Hahn, F. H. , *The Share of Wages in the National Income*, Oxf. Econ. Pap. 3 (2): 147 – 157, 1951.

83. Harrison, A. E. , *Has Globalization Eroded Labor's Share? Some Cross – Country Evidence*, UC Berkeley, Mimeo: 46, 2002.

84. Hofman, A. A. , *Economic Growth, Factor Shares and Income Distribution in Latin American in the Twentieth Century*, 2001.

85. Horioka, C. Y. , *The Causes of Japan's Lost Decade: The Role of Household Consumption*, NBER Working Paper, No. W12142, 2006.

86. Hubbard, R. G. , J. Skinner, S. P. Zeldes, *Precautionary Saving and Social Insurance*, Journal of Political Economy, Vol. 103 (2), pp. 360 – 399, 1995.

87. IMF, *The Globalization of labor*, http: //www. imf. org/external/pubs/ft/weo/2007/01/pdf/c5. pdf, 2007.

88. International Monetary Fund, Government Finance Statistics Manual 2001

(Washington), 2001.

89. Kaldor, N. , *Capital Accumulation and Economic Growth*, MacMillan, 1961.

90. Kalleberg, A. L. , M. Wallace and L. E. Raffalovich, *Accounting for Labor's Share: Class and Income Distribution in the Printing Industry*, Industrial and Labor Relations Review 37 (3): 386 – 402, 1984.

91. Kantor, S. E. , Fishback, P. V. , *Precautionary saving, insurance, and the origins of workers compensation"*, Journal of Political Economy, Vol. 104 (2), pp. 419 – 442, 1996.

92. Keynes, J. M. , *Relative Movements of Real Wages and Output*, The Economic Journal 49 (193): 34 – 51, 1939.

93. Kotlikoff, L. J. , *Health expenditures and precautionary savings*, In: Kotlikoff, L. J. (Ed.), What Determines Savings. MIT Press, Cambridge, MA, 1989.

94. Krueger, A. B. , *Measuring Labor's Share*, The American Economic Review 89 (2): 45 – 51, 1999.

95. Kuijs, Louis, *Investment and Saving in China*, World Bank Policy Research Working Paper No. 3633, 2005.

96. Kuijs, Louis, *How Will China's Saving – Investment Balance Evolve?*, World Bank Policy Research Working Paper No. 3958, 2006.

97. Kuznets, S. S. , *National Income and Capital Formation*, 1919 – 1935: A Preliminary Report, National Bureau of Economic Research, Incorporated, 1937.

98. Leland, H. E, *Saving and uncertainty: the precautionary demand for saving*, Quarterly Journal of Economics, Vol. 82, pp. 465 – 473, 1968.

99. Ma, Guonan and Wang, Yi, *China's High Saving Rate: Myth and Reality*, BIS Working Papers No. 312, 2010.

100. Maarek, *Labor share, Informal sector and Development*, www. idep – fr. org/IMG/ pdf/Maarek. pdf, 2010.

101. Meltzer, Allan, Richard, Scott, *Tests of a rational theory of the size of government.* Public Choice 41 (3), 403 – 418, 1983.

102. OECD, 2011 ," General government investment", in OECD, Government at a Glance 2011, OECD Publishing.

103. Poterba, J. , *The rate of return to corporate capital and factor shares*: *New estimates using revised national income accounts and capital stock data*, NBER Working Paper 6263: 9 – 22, 1997.

104. Poterba, J, *Government intervention in the markets for education and health care*: *How. and why?*, NBER Working Paper No. 4916, 1994.

105. Powers, E. T. , *Does means – testing welfare discourage saving? Evidence from a change in AFDC policy in the United States"*, Journal of Public Economics, Vol. 68 (1) , pp. 33 – 53, 1998.

106. Ravallion, M. , *Evaluating Anti – Poverty Programs*, Handbook of Agricultural Economics, Vol. 4. R. Evenson and T. Schultz. Amsterdam, North Holland, 2007.

107. Rodríguez, F. and D. Ortega, *Are capital shares higher in poor countries? Evidence from Industrial Surveys*, 2006.

108. Serres, A. D. , S. Scarpetta and C. D. L. Maisonneuve, *Sectoral Shifts in Europe and the United States*: *How They Affect Aggregate Labour Shares and the Properties of Wage Equations*, OECD, 2002.

109. Shastri, R. A. and R. Murthy, *Declining Share of Wages in Organised Indian Industry* (1973 – 97): *A Kaleckian Perspective*: 16, 2005.

110. Shin – Yi Chou, Jin – Tan Liu, Cliff J. Huang, *Health insurance and savings over the life cycle – a semiparametric smooth coefficient estimation*, Journal of Applied Econometrics, Vol. 19, pp. 295 – 322, 2004.

111. Shin – Yi Chou, Jin – Tan Liub, James K. Hammittc, *National Health Insurance and precautionary saving*: *evidence from Taiwan*, Journal of Public Economics, Vol. 87, pp. 1873 – 1894, 2003.

112. Solow, R. M. , *A Skeptical Note on the Constancy of Relative Shares*, The American Economic Review 48 (4): 618 – 631, 1958.

113. Starr – McCluer, *Health insurance and precautionary savings*, The American Economic Review Vol. 86 (1) , pp. 285 – 295, 1996.

114. Steven Barnett and Ray Brooks, *What's driving investment in China?*, IMF wp06265, 2005.

115. Steven Barnett, Ray Brooks, *China*: *Does Government Health and Education Spending Boost Consumption?"*, IMF WP1016, 2010.

116. Takeuchi, F. , *Causes of Decline in Labor's Share in Japan*, *JCER Researcher Report No. 53*, Japan Center for Economic Research, 2005.

117. Wagstaff, A, S. Yu, *Do health sector reforms have their intended impacts? The World Bank's Health VIII Project in Gansu Province, China"*, Journal of Health Economics, Corrected Proof, 2006.

118. Young, A. T. , *Labor's share fluctuations, biased technical change, and the business cycle*, Review of Economic Dynamics7 (4): 916 – 931, 2004.

后　记

　　本书是我承担高培勇教授负责的国家社科基金重大招标项目"扩大内需的财税政策研究"，其中一项子课题的最终成果。感谢高培勇教授对我的信任，及对子课题研究过程的指导。

　　国家社科基金重大招标项目"扩大内需的财税政策研究"，主要研究目标是从财税角度提出扩大内需的相关政策建议，其政策导向明显。我被分配的子课题研究任务，是从国民收入分配的角度来研究相关问题。在子课题研究及整理成书过程中，我注重基于数据对中国相关典型事实进行梳理和分析，在此基础上再提出相关政策建议。这是我倡导和追随的研究风格，也是本书的特色。

　　本书的部分阶段性研究成果已发表于《经济学动态》、《经济科学》等学术期刊。其中第八章是在与对外经贸大学周晓燕教授合作完成的论文基础上改写而成。在课题研究及整理成书过程中，我在中国社会科学院研究生院、对外经贸大学指导的多位硕士研究生，提供了程度不同但均高效质优的研究助理工作。在一定程度上本书是与她们合作完成的成果。她们是：中国社会科学院研究生院阙伊婷，参与第七章；对外经贸大学国际经贸学院李琼，参与第一章、第二章；吕玲，参与第五章；张洁溪，参与第六章。

　　感谢她们对本书的帮助，但书中的疏漏和错误均由我个人承担。

汪德华

2016 年 1 月 30 日